Inhalt

Einführung 5

1 Achtsame Kommunikation fängt bei uns selbst an — 12
Unser innerer Dialog 13
Achtsame Selbstreflexion 29

2 Kontakt mit anderen auf Augenhöhe — 79
Worte und Wirklichkeit 81
Person und Verhalten unterscheiden 86

3 Ich – Du – Wir — 97
Achtsamkeit braucht Ressourcen 99
Achtsame Zweiergespräche 108
Achtsam diskutieren 115
Verstehen = einverstanden sein? 121

Resümee 125
Danksagung 126
Zum Weiterlesen 127

Einführung

Ich erinnere mich an eine Szene aus meiner Kindheit: Meine Eltern stehen im Flur und streiten sich. Ein Wort ergibt das andere und nach einer Weile trennen sich beide ohne Einigung und mit schlechter Laune. Während ich schweigend danebenstand und versuchte zu verstehen, um was es bei dem Wortgefecht ging, fiel mir etwas Kurioses auf: Meine Eltern stritten sich um die gleiche Sache, benutzten aber unterschiedliche Worte dafür – so als sprächen sie unterschiedliche Sprachen, und keiner von beiden könnte die Sprache des anderen verstehen. Und weil sie sich nicht verstehen konnten, wurden sie lauter, wiederholten sich, setzten noch mal neu an – und drehten sich im Kreis. Obwohl sie sich mochten und sich nah sein wollten, blieb in solchen Momenten jeder allein und unverstanden zurück. Ein Dilemma.

Damals, mit den Streitereien meiner Eltern, begann mein Weg mit achtsamer Kommunikation. Es war offensichtlich, dass es beiden bei diesen Auseinandersetzungen schlecht ging und anschließend trübe Stimmung herrschte. Ich wollte lieber glückliche Eltern und gute Stimmung, wusste aber nicht, wie ich das erreichen konnte.

Also beschloss ich, »Dolmetscherin« zu werden. Nun ja, man kann Dolmetscher für jede Sprache werden, aber für Deutsch-Deutsch?

Seitdem sind über 30 Jahre vergangen und heute arbeite ich tatsächlich als Kommunikationstrainerin, also durchaus als eine Art »Dolmetscherin«. Dafür habe ich Menschen beobachtet, nachgefragt, zugehört, viel gelesen und ausprobiert. Kinder, Jugendliche, Erwachsene, Kranke und Gesunde, Menschen mit unterschiedlichen Kulturen und sozialen Hintergründen, in verschiedenen Berufen und Hierarchieebenen – von allen habe ich gelernt. Auch heute sind mir eine gute Stimmung und glückliche Menschen um mich herum wichtig. Deshalb gebe ich mein »Dolmetscherwissen« in Seminaren und individuellen Coachings an Menschen weiter und helfe dadurch anderen, gute Beziehungen zu pflegen, ohne sich aufzureiben. Dieses Dolmetscherwissen nennt sich »achtsame Kommunikation«.

Was ist »achtsame Kommunikation«?

Achtsamkeit ist eine gesteigerte Form von Aufmerksamkeit, ein klarer Bewusstseinszustand, der die inneren und äußeren Erfahrungen im gegenwärtigen Moment, im Hier und Jetzt registriert. Bei achtsamer Kommunikation richtet sich diese Aufmerksamkeit in erster Linie auf die sprachliche Verständigung zwischen Menschen: also darauf, was und wieso etwas ausgesprochen wird, welche Reaktionen die Worte auslösen und wie sich dementsprechend die zwischenmenschliche Beziehung gestaltet. Wenn wir achtsam kommunizieren, sind wir gleichzeitig mit uns selbst und unserem Gegenüber empathisch, also mitfühlend, in Kontakt.

Achtsame Kommunikation, wie ich sie verstehe und weitervermittele, setzt sich aus eigenen Erfahrungen, Wissen und Lehren über Körper und Psyche, persönliche Entwicklung, soziales Zusammenleben und verschiedene Kommunikationsstile zusammen. Darüber hinaus hat das Kommunikationsmodell des amerikanischen Psychologen Marshall B. Rosenberg »Gewaltfreie Kommunikation« (engl. »Nonviolent Communication«) einen ausschlaggebenden Einfluss auf meine Arbeit. Deshalb werden Sie in diesem Buch viele Parallelen dazu finden.

Wenn ich beginne, über achtsame Kommunikation zu reden, tauchen bei meinen Zuhörern in der Regel viele Fragen auf. Bevor Sie weiterlesen, möchte ich daher einige häufig gestellte Fragen hier aufgreifen und beantworten.

»Was kann ich mit achtsamer Kommunikation anfangen? Wofür soll es gut sein, das zu lernen?«
- Teilnehmer, die Seminare zu achtsamer Kommunikation bei mir besucht haben, berichten über vielfältige Wirkungen: Sie stellen fest, dass ihre inneren Dialoge freundlicher werden, dass sie sich schneller klar werden, was ihnen wichtig ist, und dass sie bessere Entscheidungen treffen. Vielen fällt eine verbesserte Selbstregulation auf, also dass es ihnen leichter fällt, beispielsweise in schwierigen Situationen Wut und Ärger zu kontrollieren. Die ganze Ausstrahlung verändert sich, sie wirken stärker und zufriedener. Besonders erfreulich finden die meisten, dass sie durch ihre neuen Fähigkeiten die Scheu vor Konflikten verlieren und endlich in der Lage sind, auslaugende Kontroversen nachhaltig zu klären. Und wenn es dennoch zum Streit kommt, schaffen sie es, das Gespräch so zu lenken, dass gegenseitiges Verständnis entsteht.

»Wie lange dauert es und ist es schwierig, achtsame Kommunikation zu lernen?«
- Achtsame Kommunikation bedarf der Übung. Am schnellsten werden erfahrungsgemäß die Aspekte verinnerlicht, die das größte Aha-Erlebnis erzeugen und in der persönlichen Situation

am hilfreichsten erscheinen. Bestimmte Aspekte zu integrieren fällt dem einen leichter, dem anderen schwerer. Für mich war es zum Beispiel einfach, neutrale Beobachtungen von persönlichen Bewertungen zu trennen, weil mir Ähnliches von der künstlerischen Bildbetrachtung her bekannt war. Manche meiner Seminarteilnehmer tun sich leicht damit, auf andere einzugehen, weil sie insgesamt gerne und viel mit Menschen im Kontakt sind. Wer eine gute Körperwahrnehmung hat und es gewohnt ist, über Gefühle zu sprechen, dem wird dieser Aspekt der achtsamen Kommunikation nicht schwerfallen. In meinen Seminaren hat jeder sein Aha-Erlebnis und kann es gleich in den Übungen anwenden. Um im Alltag in jeder Situation souverän bleiben zu können, braucht es natürlich ein bisschen länger.

»Wenn ich achtsame Kommunikation lerne, muss ich dann immer nett und nachgiebig sein? Ich will mich nicht verbiegen!«
- Beim Gedanken an achtsame Kommunikation haben viele Menschen ein Friede-Freude-Eierkuchen-Bild vor Augen. Sie denken, dass dabei die gesamte Aufmerksamkeit auf andere gelenkt wird, jedes Gespräch dauerfreundlich – und damit aufgesetzt – sein muss. Einige befürchten,

damit ihren Biss und ihr Durchsetzungsvermögen in speziellen (Arbeits-)Situationen oder bei bestimmten Menschen zu verlieren.

Für mich bedeutet Achtsamkeit, aufmerksam zu sein und im Hier und Jetzt zu leben. Was nicht gleichbedeutend ist mit jederzeit ruhig und zurückhaltend sein. Wenn Sie wissen, was Ihnen gerade wichtig ist, können und sollen Sie sich auch ausdrücklich dafür einsetzen. Mit achtsamer Kommunikation erlernen Sie Fähigkeiten, die Ihnen helfen, gut für sich einzustehen, und gleichzeitig Ihre Verbundenheit im Kontakt mit anderen Menschen fördern. Es kann sein, dass Sie durch achtsame Kommunikation freundlich und nachgiebig sind. Genauso können Sie durchsetzungsstark und hartnäckig sein, je nachdem, was Sie in der Situation gerade brauchen.

Um verschiedene Aspekte und Ideen der achtsamen Kommunikation an Beispielen zu verdeutlichen, werden Sie von Isabell und Stefan durch das Buch begleitet.

Isabell und Stefan sind seit acht Jahren ein Paar und haben vor zwei Jahren geheiratet. In den letzten Wochen streiten die beiden häufiger, als ihnen lieb ist. Es ist, als hätte sich seit der Hochzeit zwischen ihnen etwas verändert. Ob es an Isabells beruflichem Projekt, Stefans Karrieresprung oder dem gemeinsamen Kinderwunsch liegt, vermögen sie nicht zu sagen. Isabell ist aufgefallen, dass sie neuerdings mehr an Stefan auszusetzen hat und sich wie eine Meckerziege anhört. »Schrecklich, so möchte ich nicht sein. Die Situation erinnert mich stark an meine Eltern, unter deren Auseinandersetzungen ich als Kind gelitten habe. Ich wünsche mir, es für meine Kinder besser zu machen. Wenn ich nur wüsste, wie«, geht es Isabell durch den Kopf. Da kommt Stefan eines Tages heim und erzählt: »Isabell, ich wurde in der Arbeit für ein Kommunikationsseminar eingetragen, das demnächst stattfinden wird. Erst habe ich gedacht: Habe ich das wirklich nötig? Aber wenn ich an unsere Streitereien denke, wäre es vielleicht ganz gut. Was meinst du dazu?«

Manche ihrer Dialoge werden sich vielleicht ein wenig hölzern und künstlich anhören. Das liegt daran, dass ich Ihnen Schritt für Schritt deutlich machen möchte, wie achtsame Kommunikation umgesetzt werden kann. Im realen Leben werden Sie Ihre eigenen Worte und Begriffe finden, ganz wie es zu Ihnen und Ihren Gesprächspartnern passt. Achtsame Kommunikation ist keine Technik, die nach festgelegtem Rezept läuft, sondern ein Prozess – seien Sie bitte geduldig mit sich, wenn nicht alles auf Anhieb klappt.

1

Achtsame Kommunikation fängt bei uns selbst an

Das Wort »Kommunikation« kommt aus dem Lateinischen und bedeutet »etwas gemeinsam machen, etwas teilen, sich mitteilen«. Kommunikation dient der Verständigung und dem Austausch von Nachrichten, Gefühlen und Vorstellungen durch Körpersprache, Mimik, Gesten und Worte. »Achtsamkeit« ist eine intensive Form der Aufmerksamkeit. Diese Aufmerksamkeit ist wertfrei und im Hier und Jetzt verankert. Sie registriert im gegenwärtigen Moment gleichzeitig, was um uns herum und in unserem Innern geschieht. Demnach geht es bei achtsamer Kommunikation darum, sich durch Gesprochenes sowie unsere Körpersprache auszutauschen und dabei seinem Gesprächspartner und sich selbst intensive Aufmerksamkeit zu schenken, also hellwach bei der Sache zu sein.

Unter Kommunikation verstehen wir im Allgemeinen Gespräche mit anderen Personen. Dabei beginnt Kommunikation bereits mit der inneren Stimme in Ihrem Kopf. Wie und was diese sagt und kommentiert, beeinflusst sowohl Ihre Beziehung zu sich selbst als auch Ihre Interaktion mit anderen Menschen. *Um mit anderen in einen achtsamen Austausch zu kommen, braucht es zunächst Achtsamkeit für die eigene, interne Kommunikation.* Beginnen Sie also damit, achtsam mit sich selbst zu sprechen. Schulen Sie Ihre Selbstreflexion, um sich selbst ein achtsamer Berater, Unterstützer und Freund zu sein. So finden Sie auch leichter achtsame Worte für eine kraftvolle Selbstbehauptung nach außen. Mit sich selbst befreundet zu sein macht Sie stark für den Umgang mit anderen. Sie sind weniger verletzbar, können sich besser abgrenzen, Gefühlsausbrüche bei anderen aushalten, sich selbst regulieren, trösten und freuen.

Unser innerer Dialog

Mit keinem anderen Menschen verbringen Sie so viel Zeit wie mit sich selbst, nämlich 24 Stunden am Tag. Ihr ganzes Leben lang begleiten Sie sich durch jede Situation, teilen Freud und Leid. Und nahezu unablässig reden Sie im Geiste mit sich selbst: »Was ziehe ich an?«, »Brauche ich noch was aus dem Supermarkt?«, »Ich muss unbedingt heute noch zum Chef und das Projekt ansprechen, hoffentlich hat er Zeit«, »Habe ich den Wecker für morgen schon gestellt?« Solche inneren Selbstgespräche laufen in jedem Menschen ab und dienen der Selbstregulation.

Neben alltäglichen Gedanken wie »Muss ich noch einkaufen?« kommentiert die innere Stimme aber auch alles, was in uns und um uns herum vorgeht – und natürlich auch Ihre Fehler und Versäumnisse. Das ist erst einmal nichts »Schlechtes«: Selbstkritik ist für die eigene Regulation durchaus wichtig, damit Sie Ihren Werten treu bleiben, Ihren Platz in der Gesellschaft finden und sich weiterentwickeln.

Isabell hat als stellvertretende Leiterin eines Kindergartens viel Verantwortung und will für alle ein Vorbild sein. Mit den Kindern, Eltern und Kollegen ist sie stets freundlich und hat für jeden bei Bedarf ein tröstendes oder aufmunterndes Wort.

Erwischt sie sich selbst bei einer Unfreundlichkeit oder einem Fehler, hört sich ihre innere Stimme so an: »Das ist ja mal wieder typisch! Ausgerechnet jetzt! Von wegen Vorbild. Ich kann es einfach nicht! Was wohl die Kollegen denken? Und die Kinder machen das dann nach! Das geht doch echt nicht. Jetzt reiß dich mal zusammen, damit der Tag kein totales Desaster wird.«

Könnten andere Isabells innere Worte hören, wären sie überrascht. Und Isabell wäre empört, wenn jemand anderer so mit ihr reden würde.

Isabell möchte sich selbst regulieren und weiterentwickeln. Die Art und Weise, in der sie mit sich spricht, hat jedoch nichts mit hilfreicher Selbstkritik zu tun. Ihre innere Stimme blafft in strengem Ton und mit herabsetzenden Worten, anstatt <u>respektvoll eine angemessene Beurteilung der Situation</u> abzugeben.

Würde ein Außenstehender Sie auf solche Weise auf einen Fehler hinweisen, würden in Ihnen unweigerlich Widerstand und Abwehr entstehen. Vermutlich wären Sie mit den harschen Worten und Beleidigungen beschäftigt, statt verstehen zu wollen, worum es gerade wirklich geht.

Beleidigungen, die wir an uns selbst richten, lösen, genau wie Kränkungen von außen, massiven Stress in uns aus. Das hat negative Auswirkungen sowohl auf alle unsere Tätigkeiten als auch auf unsere Kommunikation mit anderen Menschen.

Wenn Menschen im Stress sind, wird das Denken ungenau, die Gefühlswellen schlagen hoch, die Nerven sind angespannt und die Konzentration lässt nach. Unbedachte Handlungen und Äußerungen sind dann an der Tagesordnung, wodurch es zum Beispiel zu lautstarkem Streit oder Kurzschlusshandlungen kommen kann.

Wer mit sich unfreundlich ist und in harschen Worten unkonstruktive Selbstkritik übt, legt besonders strenge Kriterien an sich selbst an – und überträgt diese dann bewusst oder unbewusst auf andere Menschen. Das führt zu zusätzlichem innerem Stress, der sich gerne seinen Weg nach außen bahnt und in der Interaktion mit anderen niederschlägt. Dann reißen alle Stricke und schnell rutscht einem eine spitze Bemerkung oder ein beleidigendes Wort heraus. Die Wortwahl unseres inneren Dialogs bestimmt also die Kommunikation mit anderen.

Die Art unseres inneren Dialogs färbt auf unsere Kommunikation nach außen ab.

AUSPROBIEREN

Denken Sie an eine stressige Situation zurück, in der Sie mit sich selbst unzufrieden waren. Hören Sie noch einmal, wie Ihre innere Stimme damals Ihr Versagen kommentiert hat.

Wie hat sich Ihre innere Stimme angehört?
a) freundlich und sachlich
b) schimpfend
c) nörgelnd
d) weinerlich
e) kalt und abwertend
f) oder noch anders: …

Stellen Sie sich vor, ein anderer Mensch würde auf die gleiche Art mit Ihnen sprechen. Wie würden Sie sich fühlen? Gestresst, verängstigt, frustriert, hoffnungslos, blockiert? Oder zuversichtlich, kraftvoll, motiviert, versöhnlich, tatkräftig?

Was meinen Sie? Könnte es für Sie hilfreich sein, Ihren inneren Dialog zu verändern, indem Sie Ihre Worte und Ihren Tonfall entsprechend anders wählen?

Die innere Stimme gestalten

Achtsam mit sich zu sprechen bedeutet nicht, schönzureden, was nicht schön ist. Vielmehr geht es darum, eine innere Stimme zu kultivieren, die schwierige Situationen geduldig und wohlwollend untersucht und in einem freundlichen Tonfall motivierende Worte spricht, statt zu schimpfen, zu strafen oder klein zu machen.

Die innere Stimme soll Sie unterstützen, Ihnen Kraft zum Durchhalten geben und Ihre Weiterentwicklung fördern.
Kann Ihre innere Stimme etwas Feinschliff gebrauchen? Dann erschaffen, formen und gestalten Sie sie einfach neu, zum Beispiel, indem Sie sich das Gewünschte bei Vorbildern abschauen:

Stefan hatte in seiner Jugend einen wunderbaren Aikido-Lehrer. Geduldig erklärte er Anfängern jeden Schritt, blieb aufmunternd, selbst wenn jemand sich ungeschickt anstellte. Nach Ende des Trainings sagte er jedes Mal: »Ich bin stolz auf euch!« Alle Schüler fühlten sich sehr wohl bei ihm und erreichten immer höhere Ziele. Dieser Lehrer war ein Meister und ein Vorbild für Disziplin, innere Werte, Achtsamkeit und einen inspirierenden Umgang mit Menschen.

Mitreißende Menschen mit positiver Energie finden Sie in Ihrer eigenen Umgebung, in Filmen und Büchern oder in bekannten Persönlichkeiten. Wie würde der Dalai Lama mit sich selbst sprechen oder Yoda, der Meister von Luke Skywalker aus *Star Wars*?

Finden Sie eine Person, eine motivierende Kraftquelle wie Stefans Aikido-Lehrer, jemanden, den Sie schätzen und respektieren und der Sie inspiriert. Die Art und Weise, wie diese Person spricht, sollte Ihnen Mut machen oder Trost spenden, damit Sie auch in schwierigen Situationen körperlich und geistig bei Kräften bleiben.

Wenn Sie eine passende Person bzw. die dazugehörige Stimme gefunden haben, stellen Sie sich vor, wie Sie einen Fehler machen. Hören Sie jetzt den Kommentar dieser neuen Stimme.

Statt der unfreundlichen Worte in Isabells Fall von Selbstkritik würde der Aikido-Lehrer vielleicht sagen: »Liebe Isabell, du scheinst heute nicht in Bestform zu sein. Dir täte eine kurze Erholungspause gut. Danach probierst du es noch mal. Die anderen Tage hast du anders reagiert, also war das heute nur ein Ausrutscher. Das kommt vor. Jeder hat mal einen Durchhänger und nach der Pause wird es dir besser gehen.«

Um die neue Stimme optimal zu integrieren und in der nächsten schwierigen Situation »griffbereit« zu haben, ist es sinnvoll, zuvor der alten Stimme die Vorherrschaft und ihren Schrecken zu nehmen.

AUSPROBIEREN

Schließen Sie die Augen und stellen Sie sich vor, wie Sie Ihre bisherige Stimme in ein kleines Radio stecken. Das Radio hat einen Lautstärkeregler, den Sie nach Belieben lauter und leiser drehen können. Ein weiterer Regler kann das Sprachtempo und die Stimmlage verändern und verzerren, von hoch und piepsig bis tief und dunkel. Spielen Sie mit den beiden Reglern Ihres Radios und stellen Sie Ihre Stimme so ein, dass kein Stress mehr entsteht – eventuell müssen Sie schmunzeln, weil die Stimme sich jetzt lustig anhört. Nehmen Sie jetzt in Gedanken ein zweites, neues Radio. Aus dem neuen Radio tönt die neue Stimme. Dieses Radio hat ebenfalls zwei Regler, einen für die Lautstärke und den anderen für Stimmlage und Sprechtempo. Drehen Sie so lange an diesen Reglern, bis Ihnen die Lautstärke, die Tonlage und das Tempo gefallen. Stellen Sie eine Verbindung zwischen den beiden Radios her, zum Beispiel durch ein Kabel.

Diese Verbindung gewährleistet, dass der neuen Stimme weiterhin alles Wissen über die Aspekte zur Verfügung steht, vor denen die alte Stimme warnen oder auf die sie hinweisen wollte. Die neue Stimme übersetzt die Aussagen der alten Stimme, formuliert deren Text angemessen um und sendet die nun passenderen Worte aus dem neuen Radio.

Stellen Sie die beiden Radios in Ihrer Vorstellung so auf, dass das alte außerhalb Ihrer Hörweite ist, Sie das neue dagegen sehr gut hören können. Womöglich steht das alte Gerät besser in einer geschlossenen Vitrine und das neue offen auf einem Regal? Die Verbindung zwischen den beiden Geräten passt sich dabei jeder beliebigen Entfernung zwischen den Radios an.

Wenn Sie nun an eine schwierige Situation oder an einen Fehler denken, wie geht es Ihnen jetzt mit Ihrer inneren Stimme? Müssen Sie das alte Radio umstellen oder an den Reglern drehen? Können Sie die neue Stimme gut hören, ist sie wohlwollend genug und aktiviert sie Ihre Durchhaltekraft, Hoffnung und Motivation? Wenn nicht, verändern Sie den Standort der Radios oder drehen so lange an den Reglern, bis alles perfekt passt.

Was in schwierigen Situationen außerdem helfen kann:
- Denken Sie sich in die Zukunft hinein und blicken Sie als 90-jähriger Mensch auf die jetzige Situation. Was würden Sie sich raten?
- Sagen Sie sich: »Auch wenn ich das jetzt noch nicht sehen kann: Es wird für etwas gut sein und ich werde daraus lernen.«

Mit sich selbst achtsam reden macht zufriedener und wirkt sich unmittelbar auf die Kommunikation mit anderen aus.

Die Welt als Katastrophe oder als Eldorado? Vom Mangel in die Fülle reden

Isabell sitzt in ihrem Lieblingscafé. Nach den Samstagseinkäufen gönnt sie sich einen Kaffee und eine Zeitschrift. Sie freut sich auf das Wochenende und genießt die quirlige Stimmung um sich herum. »Ist hier noch Platz für zwei?« – »Ja, setzen Sie sich gerne dazu«, lädt Isabell das junge Paar zu sich an den Tisch ein und vertieft sich wieder in ihre Zeitschrift, während die beiden sich unterhalten. »Hast du schon eine Bedienung gesehen? Die trödeln hier immer so!« – »Ja, die merken nie, wenn jemand neu ist. Ach, da drüben.« Der junge Mann winkt. »Wir hätten gerne zwei Kaffee.« – »Nach dem Kaffee muss ich leider wieder lernen. Grundsätzlich wäre das ja nicht so schlimm, aber ich fürchte, dass ich dieses Wochenende wieder nichts schaffe. Und der Stoff ist total schwierig und kompliziert.« – »Dann lern in Etappen und mit Lernkarten.« – »Das klappt bei mir nicht und überhaupt lerne ich nie so. Außerdem habe ich nicht alle Unterlagen, die ich brauche.« – »Kannst du dir die nicht von anderen besorgen?« – »Klar wäre das möglich, aber bei meinem Glück funktioniert das garantiert nicht. Und ich muss ja obendrein die Yoga-Übungen können.« – »Du kannst mir die Übungen zeigen – dann habe ich etwas davon und du lernst sie.« – »Dafür bist du nun wirklich nicht der Richtige. Und überhaupt braucht man dafür einen großen leeren Raum und eine Yogamatte – bei mir zu Hause ist es viel zu eng.« – »Ich habe doch noch die Isomatte und wenn wir im Wohnzimmer die Stühle etwas rücken, geht das.« – »Du stellst dir das so einfach vor. Außerdem geht es mir schlecht, weil die Ausbilderin mich nicht mag. Immer hat sie etwas an mir auszusetzen. Die anderen kritisiert sie nie – nur mich.«

Isabell blickt verwirrt von ihrer Zeitschrift auf. Unweigerlich hat sie dem Gespräch der beiden zugehört und dabei schlechte Laune bekommen. »Meine Güte, die Frau ist dermaßen negativ. Nichts passt und alles scheint festgefahren. Meine Laune ist jetzt richtig im Keller. Und der Mann wirkt auch nicht mehr so entspannt wie am Anfang«, denkt sie sich, während sie die Münzen für den Kaffee zusammenzählt und das Café schnell verlässt.

War zuerst die Henne da oder das Ei? Ähnlich stellt sich die Frage, wenn es um unsere innere Einstellung der Welt gegenüber geht: Ist unsere Einstellung verantwortlich für die Art und Weise, wie wir uns ausdrücken, oder hat unsere Sprache unsere Einstellung geprägt?

Auch bei dem Pärchen an Isabells Tisch lässt sich das nicht sagen. Was Isabell spürt und was Sie vielleicht auch schon bei Gelegenheit wahrgenommen haben, ist eine langsam aufkommende schlechte Laune, die einem die Mundwinkel nach unten zieht und das Augenmerk auf Fehler und Unangenehmes richtet. Diese Stimmung wird von Menschen übertragen, deren Worte eine unfreundliche Welt und ein mühevolles Leben, bestehend aus Mangel und Leid, beschreiben. Und selbst wenn ihre Weltsicht ursprünglich positiv war – mit der Zeit beeinflusst die Wortwahl unweigerlich die Einstellung.

Bei der Katastrophen-Weltsicht dominieren Worte und Ausdrücke wie »nicht, nie, immer, das geht nicht, ich kann nicht, das ist schwer, Problem« und ähnliche. Alles scheint festgefahren, unlösbar, unabänderlich, stagnierend und mit großer Anstrengung verbunden. Lösungsvorschläge werden grundsätzlich als »nicht machbar«, »unpassend« oder mit einem »Das wird nicht funktionieren« abgelehnt. Jede alternative Sicht auf die Dinge wird mit einem »Ja, aber« oder »Du verstehst das nicht, das geht nicht, das war immer so, das wird sich nicht ändern« gekontert und sogleich ein weiteres Problem aufgeführt.

Diese Wortwahl macht alles schwer und lässt die Dinge unabänderlich erscheinen – unabhängig davon, wie schwierig die Situation tatsächlich ist. Fühlen Sie sich sowieso schon hilf- und ratlos, dann wird diese Art der Katastrophen-Kommunikation sich endgültig lähmend auf Sie auswirken.
Auf Dauer belastet dieser Katastrophen-Zustand nicht nur einen selbst, sondern überträgt sich auch auf andere Menschen.
Das Gegenteil ist eine Eldorado-Weltsicht. Als Eldorado bezeichnet man ein Gebiet, das über ideale Gegebenheiten für ein Vorhaben und ausreichende Entfaltungsmöglichkeiten verfügt. Das Leben und die Welt halten viel bereit, sowohl Talfahrten als auch Höhenflüge.

Eine »Eldorado«-Sprache lässt Sie Ihre Umgebung freundlich betrachten und sich innerlich ausgeglichen fühlen. Achten Sie darauf, welches Bild die Menschen und Sie selbst von der Welt zeichnen.

Die Wortwahl einer Eldorado-Weltsicht ist geprägt durch Ausdrücke wie »das ist gerade so«, »im Augenblick«, »manchmal«, »ab und zu«, »heute«,

»lass uns das probieren«, »mal sehen, wozu das gut ist«, »das ist eine Herausforderung«. *Bezeichnend ist, dass sich die Sprache auf das Hier und Jetzt konzentriert. Sie überträgt weder die Gefühle noch die Herausforderungen auf die Vergangenheit oder die Zukunft, sondern bleibt in der Gegenwart. Stattdessen fordert sie dazu auf, auszuprobieren, anzupacken und zuversichtlich nach Möglichkeiten oder Hilfe Ausschau zu halten.* Fühlen Sie sich in einer Situation hilf- und ratlos, wird durch diese Sprache dem Gehirn signalisiert: »Ich bin auf der Suche nach einer Lösung, bleib wach und aktiv«, und das Gehirn arbeitet weiterhin auf Hochtouren, um Lösungen zu finden und kreativ mit der Herausforderung umzugehen. Auch im Gespräch mit anderen wirkt Eldorado-Kommunikation erfreulich und aktivierend.

Wie würde sich die Café-Situation in Eldorado-Sprache anhören?

Isabell sitzt in ihrem Lieblingscafé. Nach den Samstagseinkäufen gönnt sie sich einen Kaffee und eine Zeitschrift. Sie freut sich auf das Wochenende und genießt die quirlige Stimmung um sich herum. »Ist hier noch Platz für zwei?« – »Ja, setzen Sie sich gern dazu«, lädt Isabell das junge Paar zu sich an den Tisch ein und vertieft sich wieder in ihre Zeitschrift. »Hast du eine Bedienung gesehen? Manchmal dauert es hier länger, bis jemand kommt.« – »Es ist ganz schön was los heute. Ach, da drüben.« Der junge Mann winkt. »Wir hätten gerne zwei Kaffee.« – »Nach dem Kaffee setze ich mich wieder hin zum Lernen. Ich hätte zwar mehr Lust auf Zeit mit dir, aber es ist doch recht viel Stoff und wirklich eine Herausforderung.« – »Und wenn du in kurzen Etappen lernst und Lernkarten zu Hilfe nimmst?« – »Das ist eine Idee. Das probiere ich aus. Gestern habe ich gemerkt, dass mir Unterlagen fehlen.« – »Kannst du dir die von anderen besorgen?« – »Klar ist das möglich, mache ich auch noch, später. Im Augenblick schwirrt mir der Kopf. Ich beginne einfach mit den Sachen, die ich vor Ort habe, und arbeite dann nach – so habe ich weniger Zeitverlust und Aufwand. Zusätzlich zur Theorie muss ich die Yoga-Übungen anleiten können. Das kommt dazu.« – »Du kannst mir die Übungen zeigen! Dann werde ich beweglich und du lernst sie.« – »Okay, super Idee. Mal sehen, wie gelenkig du bist und ob du mich verstehst. Und so könnten wir dieses Wochenende doch was miteinander machen – zwei Fliegen mit einer Klappe!« – »Ich habe noch die Isomatte und wenn wir im Wohnzimmer die Stühle etwas rücken, geht das.« – »Das probieren wir aus. Das wäre ein Highlight. Was ich noch gar nicht erzählt habe: Ich habe den Eindruck, die Ausbilderin mag mich nicht besonders. In jeder Stunde hat sie etwas an mir auszusetzen. Die anderen kritisiert sie viel seltener.« – »Das hört

sich nicht gut an. Erzähl mir später in Ruhe mehr davon. Jetzt möchte ich dir von meinem Treffen gestern erzählen, dann kommst du auf andere Gedanken, okay?«
Isabell blickt entspannt von ihrer Zeitschrift auf. »Es ist doch immer wieder schön, hier zu sein und die Atmosphäre zu genießen«, denkt sie und nimmt noch einen Schluck Kaffee.

Starten Sie noch heute mit der Eldorado-Sprache. Schwierigkeiten und Konflikte werden dadurch eher lösbar und Sie können besser mit Fehlern umgehen – den eigenen und denen der anderen.

AUSPROBIEREN

- Fügen Sie Ihren inneren Kommentaren ein »noch« hinzu, sodass beispielsweise aus »Ich kann das nicht« ein »Ich kann das NOCH nicht« wird.
- Wenn Sie Unerfreuliches erleben, verzichten Sie bei Ihrer Wortwahl auf Verallgemeinerungen wie »immer, nie, stets, generell, grundsätzlich«. Bleiben Sie sprachlich in der Gegenwart durch Worte wie »heute, manchmal, im Augenblick, jetzt«.
- Betonen Sie Erfreuliches, indem Sie weitere Beispiele dafür finden und daraus Prinzipien ableiten wie »Grundsätzlich gelingen mir viele Sachen«, »Ich bin ein freundlicher Mensch«.

- Entschärfen Sie Fehler durch Kommentare wie »Das ist mir gerade nicht so gut gelungen« oder »Heute habe ich einfach nicht genug innere Ressourcen, um freundlich zu allen zu sein«.
- Ersetzen Sie das Wort »Problem« durch »Herausforderung«. Herausforderungen können bewältigt werden, während Probleme oft eher lähmende Wirkung haben.

Achtsame Selbstreflexion

Durch Ihre Eldorado-Weltsicht und die entsprechende innere Stimme haben Sie nun gute Voraussetzungen geschaffen für einen freundschaftlichen Umgang mit sich selbst und eine achtsame Kommunikation nach innen und außen. Nun geht es darum, sich selbst ein guter Unterstützer und Berater zu sein. Dafür ist eine achtsame Selbstreflexion durch strukturiertes und abwägendes Nachdenken wichtig.

Erst wenn Sie genau wissen, worum es Ihnen geht, können Sie dies auch achtsam aussprechen.

»Hallo, ich bin Michael.« Stefans neuer Kollege steht im Büro und sieht in die Runde. »Ich soll hier neuen Schwung in die Abläufe bringen. Das ist mein Spezialgebiet. Darüber habe ich meinen Abschluss gemacht und die letzten Jahre erfolgreich in verschiedenen Firmen gearbeitet.« – »Hast du das gehört? Das wird bestimmt anstrengend. Der Neue spielt sich ja ganz schön auf. Meint, alles besser zu wissen!«, raunt Stefan missmutig seinem Tischnachbarn zu. »Was hast du nur wieder? Warte doch erst einmal ab, was passiert, statt zu kritisieren!«, kontert dieser genervt. Stefan beißt sich auf die Zunge. »Wieso versteht er mich nicht? Nach dem Auftritt ist doch alles klar, das muss er doch auch sehen!«, denkt er still und vertieft sich frustriert wieder in seine Arbeit.

Sicher kennen Sie das auch: Sie sehen oder hören etwas, das Ihnen nicht gefällt oder Sorgen macht. Sie möchten sich darüber austauschen und Ihre Gedanken, Gefühle und Bedenken schildern, aber Ihre Worte werden als Kritik empfunden und erzeugen Abwehr. Wie ließe sich das verhindern?
Eine Aussage wird dann als Kritik aufgefasst, wenn darin Urteile und Bewertungen vorherrschen und ein erkennbarer Bezug fehlt. So wie bei Stefans Bemerkung. Dem Tischnachbarn bleibt unklar, worauf sich Stefan bezieht. Er hört dagegen Urteile und Bewertungen. Deshalb versteht er nicht, wozu

Stefans Bemerkung anregen soll – vielleicht eine Diskussion über die ersten Worte auf einer neuen Arbeitsstelle?

Um für andere verständlich seine Eindrücke, Gefühle, Bedenken und Wünsche auszudrücken, könnte Stefan zunächst durch Selbstreflexion klären, was ihn im Einzelnen beunruhigt und was er sich konkret für die Zusammenarbeit mit dem neuen Kollegen und die anstehenden Veränderungen wünscht.

Eine achtsame Selbstreflexion besteht aus zwei Schritten: Zuerst wird der Blick auf die Wahrnehmungen und aufkommenden Gefühle gelenkt. Diese sind der Auslöser für Urteile und Bewertungen. Danach wird entschlüsselt, auf welche Wünsche und Bedürfnisse diese Urteile und Bewertungen hinweisen möchten.

Für eine gute Selbstreflexion müssen wir in der Lage sein, unsere Urteile und Bewertungen richtig einzuschätzen. Mit der so gewonnenen Klarheit über Ihre konkreten Wünsche können Sie Ihre Aussagen eindeutiger formulieren und dadurch Missverständnisse und Abwehr vermeiden.

Urteile und Bewertungen richtig einordnen

Die Tatsache, dass wir alles, was in und um uns herum geschieht, bewerten und beurteilen, ist eine überlebenswichtige Fähigkeit, also prinzipiell eine positive Eigenschaft – die sich auch nicht einfach »abschalten« lässt. Das kann im täglichen Leben manchmal hinderlich sein, wenn wir vorschnelle Schlüsse ziehen und uns entsprechend verhalten. Achtsame Selbstreflexion dagegen ermöglicht uns, unsere »automatischen« Reaktionen wahrzunehmen und zu überprüfen, bevor wir sprechen oder handeln.

Die Natur hat es im Laufe der Evolution so eingerichtet, dass unser Körper bei Gefahr Stresshormone ausschüttet, die den Kreislauf ankurbeln, die Muskeln aktivieren und die Sinne schärfen, kurz: uns blitzschnell bereitmachen für Kampf oder Flucht. Dafür müssen die entsprechenden Abläufe im Gehirn und im Körper auf Schnelligkeit ausgerichtet sein. Um sicherzustellen, dass wir rechtzeitig Chancen wahrnehmen und Gefahren erkennen können, werden alle Sinneswahrnehmungen mit großer Geschwindigkeit über die Nervenbahnen an das Gehirn weitergeleitet. Damit das Gehirn die eingehenden Informationen in kürzester Zeit verarbeiten kann, denkt es in Bildern und Gefühlen statt in Worten. Deshalb fühlen wir. Art und Intensität unserer Gefühle sind sozusagen verschlüsselte Hinweise darauf, ob und was in einer Situation als »günstig« oder »ungünstig« eingestuft wird. Kommt zum Beispiel Ihre neue Liebe gerade auf Sie zu, ist das eine »sehr günstige« Situation und das Verliebtheitsgefühl entsprechend stark. Der erste Tag in einer neuen Arbeitsstelle kann eine »etwas ungünstige« Situation sein, weshalb Sie ein leicht mulmiges Gefühl im Bauch haben.

Ständig darauf bedacht, unser Wohlergehen zu gewährleisten, scannt das Gehirn permanent unsere Umgebung, Situationen, Personen und das eigene körperliche Befinden ab. Ununterbrochen wird geprüft und bewertet nach dem Motto: »Das ist günstig« oder »Das ist ungünstig«. Für diese Einordnungen und Bewertungen zieht das Gehirn Erfahrungen und Erlerntes zurate. So kann innerhalb kürzester Zeit eine Reaktion stattfinden, über die nicht bewusst nachgedacht werden muss. In bedrohlichen Situationen kann das unbewusste Bewerten und schnelle Reagieren des Gehirns lebensrettend sein, wenn zum Beispiel ein Ball auf uns zufliegt und wir ihm reflexartig ausweichen. Im normalen Alltag, vor allem im Arbeits- und Beziehungsbereich, kann es jedoch manchmal hinderlich sein bzw. sich negativ auswirken, wenn es uns zu unüberlegten Schlussfolgerungen und Verhaltensweisen führt – wie bei Stefan. Bevor er sich's versieht, ist ihm sein Kommentar rausgerutscht, der prompt als ungerechtfertigte Kritik aufgefasst wird. Dagegen hätte es Stefan gutgetan, einen Moment innezuhalten zum Sammeln und Nachdenken.

Situationen und Menschen zu analysieren und zu bewerten ist ein natürlicher Vorgang, der das eigene Leben und Wohlergehen sichern soll. Manchmal sind unsere daraus resultierenden Reaktionen und Äußerungen durchaus hilfreich, aber manches Mal auch unpassend und missverständlich.

Bevor wir darangehen, Stefans spontane Äußerung besser zu formulieren, wollen wir analysieren, wie es zu seinem missverständlichen Kommentar kam. Stefan sieht: Ein neuer Kollege stellt sich für alle gut sichtbar in den Raum. Stefans Gehirn durchforstet seine »innere Ablage« und urteilt, dass ein »Eindringling im vertrauten Büro« für das Wohlergehen »ungünstig« ist. Es sendet unangenehme Gefühle zur Warnung und stellt sich auf Alarm ein – eventuell muss dieser Eindringling bekämpft werden.

Stefan hört den Mann mit kräftiger Stimme sagen: *»Ich soll hier neuen Schwung in die Abläufe bringen. Das ist mein Spezialgebiet. Darüber habe ich meinen Abschluss gemacht und die letzten Jahre erfolgreich in verschiedenen Firmen gearbeitet.«* Sein Gehirn filtert die Rede auf mögliche Anzeichen für Gefahren hin. Die kräftige Stimme wird mit »ungünstig« bewertet: Eine kräftige Stimme gehört zu einem physisch starken Menschen, der schwer zu besiegen ist. Die Aussagen »mein Spezialgebiet«, » Abschluss gemacht« und »erfolgreich« werden ebenfalls als »ungünstig« beurteilt: Jemand, der sofort seine Stärke präsentiert, will dominieren und stellt die eigene Stellung in der Hierarchie infrage. »Neuer Schwung« und »umstrukturiert« sind ebenfalls »ungünstig«: Neue Gewohnheiten und Abläufe sollen erlernt werden und kosten Energie.

Das Gehirn findet also mehrere Gefahrenquellen und bewertet den neuen Kollegen und seine Rede daher als ungünstig für Stefans Wohlergehen. Da dieser »wachhabende« Teil des Gehirns in Bildern und Gefühlen denkt, kommen in Stefan in etwa diese Bilder und Gefühle hoch: ein anstrengender

Kampf gegen einen starken Eindringling, zusätzliche Arbeit und lange Besprechungen zum Lernen neuer Abläufe, begleitet von einem Gefühl der Erschöpfung.

Seine Äußerung beschreibt diese inneren Bilder und Gefühle: »Das wird anstrengend (Gefühl der Erschöpfung). Der Neue spielt sich ganz schön auf (starker Eindringling). Meint, alles besser zu wissen (der Neue erklärt in langen Besprechungen ausführlich jedes Detail).«

Andere Erfahrungen, andere Bewertungen

Dass Stefans Gehirn genau zu diesen Urteilen über den Kollegen und die bevorstehenden Veränderungen im Büro kommt, hat mit den gespeicherten Informationen aus seinem bisherigen Leben zu tun.

Jeder Mensch hat andere Erfahrungen und deshalb andere Informationen abgespeichert. Stefans Tischnachbar scannt ebenfalls unbewusst den neuen Kollegen und was er sagt. Er bleibt jedoch ruhig und gelassen, weil sein Gehirn aufgrund seiner Lebenserfahrungen die Situation als »günstig« oder »neutral« für ihn bewertet – das heißt: keine Gefahr für sein Wohlergehen.

Es ist also nichts Falsches daran, unsere Umgebung und uns selbst permanent zu analysieren und zu beurteilen, sondern ein natürlicher, die Existenz sichernder Prozess. Die daraus resultierenden Reaktionen und Verhaltensweisen können sowohl hilfreich als auch hinderlich sein. Daran können wir nichts ändern. Worauf es ankommt und was wir sehr wohl erlernen können, ist aber die Art, wie wir mit unseren spontanen Bewertungen und Urteilen umgehen und wie wir sie in den Alltag übersetzen.

Strukturiertes und abwägendes Nachdenken – eine Anleitung in zwei Schritten

Die im letzten Abschnitt beschriebenen spontanen Urteile entstehen im evolutionär ältesten Teil unseres Gehirns, der permanent über unser Wohlergehen wacht und in Bildern und Gefühlen denkt. Um diese unwillkürlich auftretenden Gefühle und Gedanken zu beeinflussen, müssen wir unsere – entwicklungsgeschichtlich jüngere – Großhirnrinde einsetzen. Sie ist für das strukturierte, analysierende und abwägende Denken zuständig. Mit diesem Hirnareal treffen wir sowohl einfache als auch komplexe Entscheidungen, zum Beispiel darüber, welche Schuhe wir heute tragen werden oder welches Gericht wir im Restaurant bestellen. Es ist aber auch der Ort im Gehirn, an dem wir Pläne schmieden, Ergebnisse zusammentragen, komplizierte Bewegungsabläufe (wie Walzer tanzen) erlernen, Texte formulieren und verstehen, rechnen oder über uns selbst nachdenken.

Nachdem eine Situation zunächst in unserem evolutionär älteren Teil des Gehirns in »ungünstig« oder »günstig« vorsortiert und entsprechende Reaktionen in Gang gesetzt wurden, kann die Großhirnrinde durch bewusstes Analysieren, Abwägen und Nachdenken zu einer davon abweichenden Bewertung kommen, die spontane Reaktion unterbinden und alternative Verhaltensweisen herbeiführen.

Dieses bewusste, analysierende Nachdenken – die achtsame Selbstreflexion – vollzieht sich in zwei aufeinanderfolgenden Schritten.

Schritt eins: Durch achtsames Beobachten den Auslöser für Urteile finden

Indem Sie einen Schritt zurücktreten, Urteile und Bewertungen beiseitelegen und genau hinsehen, -hören und -spüren, wird eine offene Begegnung möglich, die nicht in vorschneller Kritik oder missverständlichen Äußerungen mündet.

Im folgenden Beispiel wird deutlich, wie das konkret aussehen kann.

Isabell und Stefan sind im Museum für Moderne Kunst. Stefan ist nur Isabell zuliebe mitgekommen und seine Stimmung ist nicht gerade auf dem Höhepunkt. Gelangweilt geht er von Bild zu Bild. Isabell scheint von jedem Bild begeistert und betrachtet es eindringlich. Stefan sieht nur ein Gewirr aus Farben und ein Blick genügt ihm, um zu wissen, ob er es mag oder nicht. »Ich verstehe nicht, was du an diesem schrecklichen Bild findest. Da reicht doch ein Blick, um zu sehen, was los ist!« Stefan nimmt Isabells Arm, um sie weiterzuziehen.

»Warte kurz und sieh genau hin. Der Maler hat hier alles verdreht. Oben ist das Bild dunkel, dafür unten heller. Und es scheint durch die große tiefblaue Fläche am linken Bildrand aus dem Gleichgewicht zu sein. Was meinst du?« – »Kann schon sein. Wieso hat er die gelben Punkte in die Mitte gesetzt – mir wird ganz schwindelig davon.« Stefan tritt einen Schritt von dem Bild zurück. »Isabell, komm mal hier rüber. Aus der Ferne wirkt das Bild anders. Ist dir aufgefallen, dass unter den ganzen Farben als Untergrund ein heller Ton liegt, der zu leuchten scheint?« – »Ja, jetzt kann ich es auch sehen. Und aus der Ferne scheint es, als würde diese blaue Farbfläche ins Bild hineinschlüpfen. Ob die Fläche wohl durch das Bild kriecht und auf der anderen Seite runterplumpst?« Isabell und Stefan lachen. Stefans Stimmung hat sich schlagartig verbessert.

»Los, Isabell, lass uns das nächste Bild ansehen.«

Isabell und Stefan erleben den Museumsbesuch zunächst sehr unterschiedlich. Isabell genießt die Atmosphäre, lässt sich Zeit, jedes Bild intensiv zu betrachten, und freut sich über jede Entdeckung. Ein Museumsbesuch ist für sie mit vielen angenehmen Gefühlen und Erlebnissen verbunden. Ihr Gehirn stuft Gemäldebetrachten und den Museumsbesuch als »günstig« für Isabells Wohlergehen ein. Ihre Bewertung des Ausflugs lautet: »Bilder erforschen und die ruhige Atmosphäre der Museumsräume genießen ist toll.« Stefan hingegen ist nicht begeistert. Er verbindet mit einem Museumsbesuch wenig gute Erlebnisse. Die Stille der Räume und Moderne Kunst generell erzeugen in ihm unangenehme Gefühle. Sein Gehirn stuft den Museumsbesuch als »ungünstig« ein. Bevor Isabell mit Stefan über das Gemälde ins Gespräch kommt, läuft bei beiden eine unwillkürliche Bewertung der Situation ab und löst die entsprechenden Gefühle und Reaktionen aus: bei Stefan Langeweile, Ungeduld und Widerwillen; bei Isabell Vergnügen, Neugier und Lebendigkeit.

Stefan ist ins Museum mitgegangen, weil er gerne mit Isabell zusammen ist und sehen möchte, was Isabell fasziniert. Dieser Antrieb ist so stark, dass er sich vor dem Gemälde auf Isabell einlässt und unvorhergesehen einen Stimmungswechsel erfährt.

Isabell lädt Stefan ein, das Bild neu zu betrachten. Sie beschreibt, was sie auf dem Bild sehen kann – eine blaue Fläche, helle und dunkle Farbtöne oben und unten im Bild. Stefan sieht sich jetzt ebenfalls das Bild genau an und spürt, dass die gelben Punkte ihm Schwindel verursachen. Er bemerkt also, was genau seine Abneigung gegen das Bild ausgelöst hat, und handelt entsprechend: Indem er einen Schritt von dem Bild zurücktritt, lässt der Schwindel nach. Und ohne das unangenehme Schwindelgefühl ist Stefan offen und hat ebenfalls Spaß. Er hat für sich eine neue Möglichkeit gefunden, mit dem Betrachten von Gemälden umzugehen, bewertet dadurch den Museumsbesuch neu und entwickelt entsprechend angenehmere Gefühle.

Genau hinsehen und alle Wahrnehmungen wertfrei zusammenfassen ist ein sehr bewusster Vorgang und der erste Schritt beim strukturierten und abwägenden Nachdenken.

Nehmen Sie das obige Beispiel und übertragen Sie es auf Ihren Alltag. Dann wäre eine beliebige Situation das Gemälde, welches bestimmte Gefühle und Reaktionen in Ihnen auslöst. Um andere Gefühle und Reaktionen zu generieren, betrachten Sie die Situation nun wie Stefan und Isabell das

Gemälde: Was können Sie tatsächlich sehen und hören, was passiert rein faktisch? In welcher Stimmlage wird gesprochen und in welcher Stimmung befinden Sie sich selbst? Wie bei einem Gemälde ist auch im Alltag oft ein eher unscheinbares Detail ausschlaggebend. Dieselbe Frage in einem anderen Tonfall hätte keinen Ärger ausgelöst oder die gleiche Geste an anderer Stelle nicht irritiert.

Wie können Sie nun Ihre wertfreien Beobachtungen von den unwillkürlichen Urteilen und Bewertungen im Alltag trennen?
a) Sie bemerken eine automatische Bewertung und möchten diese ändern.
b) Sie reduzieren die Situation auf reine Wahrnehmungen: Was könnte ein Kameramann in diesem Moment an Bildern und Tönen aufnehmen?
c) Sie spüren, welche Gefühle in Ihnen aufkommen und ob diese Sie auf eine »günstige« oder »ungünstige« Lage hinweisen möchten.

Im Beispiel von Stefan und dem neuen Kollegen könnte das so aussehen:
a) Stefan ist frustriert, weil seine Aussage von seinem Tischnachbarn nicht verstanden wird. Er bemerkt selbst, dass sein Satz gespickt ist mit Urteilen, und möchte das ändern.

b) Was hat Stefan konkret wahrgenommen, was zu seinem unwillkürlichen Urteil über den neuen Kollegen geführt hat? Er hat gesehen: Ein ihm unbekannter Mann stellt sich ins Büro und beginnt mit kräftiger Stimme zu allen Anwesenden zu sprechen. Er hat gehört: »*Hallo, ich bin Michael. Ich soll hier neuen Schwung in die Abläufe bringen. Das ist mein Spezialgebiet. Darüber habe ich meinen Abschluss gemacht und die letzten Jahre erfolgreich in verschiedenen Firmen gearbeitet.*«

c) Stefan spürt, dass er unruhig und verunsichert ist. Alles eher unangenehme Gefühle, die ihn auf etwas »Ungünstiges« hinweisen möchten. Er merkt auch, dass nicht die Person Michael die negativen Gefühle auslöst, sondern dessen Worte – also die anstehenden Veränderungen.

Würde er nun mit seinem Tischnachbarn reden, könnte er beispielsweise sagen: »Durch diese Vorstellungsrede wird ja sehr deutlich, was Michaels Aufgabe hier sein wird. Wenn ich Worte wie ›neuen Schwung‹ und ›Umstrukturierung‹ höre, werde ich allerdings ziemlich unruhig und unsicher. Was genau kommt da auf uns zu?«

Nachdem Stefan sich klargemacht hat, was genau er gesehen und gehört hat, kann er – losgelöst von unwillkürlichen Urteilen – bewusst einzelne

Aspekte der Situation analysieren und für ihn wichtige Knackpunkte herausschälen. Der Blick auf die einzelnen Wahrnehmungen (neuen Kollegen sehen und dessen Worte hören) lässt ihn erkennen, welche von ihnen die unangenehmen Gefühle in ihm hervorgerufen haben. Diese Wahrnehmungen – in Stefans Fall die Worte des Kollegen – sind der Auslöser für seine zuvor missverstandene Aussage. Im nächsten Schritt kann Stefan jetzt prüfen, was seine Wünsche und Bedürfnisse im Zusammenhang mit den gehörten Worten sind. Jetzt kann er ganz konkret und unmissverständlich seinem Tischnachbarn sagen, worum es ihm geht.

Altbewährte Denkmuster und vorschnelle Urteile führen oft zu Äußerungen, die von anderen als Kritik verstanden werden und Abwehr auslösen. Durch achtsame Selbstreflexion kommt Klarheit in die eigenen Anliegen und deren Kommunikation – das erzeugt Verständnis und beugt Missverständnissen vor.

Urteile und Bewertungen basieren auf unseren Sinneswahrnehmungen, also auf dem, was wir sehen, hören, fühlen, tasten, riechen oder schmecken. Die Informationen werden blitzschnell an das Gehirn weitergeleitet und in Millisekunden in Urteile und Bewertungen »übersetzt«. Dem bewussten Verstand entgeht bei dieser Geschwindigkeit notgedrungen das ein oder andere Detail. Daher ist es wichtig, dass Sie sich ganz auf Ihre Beobachtungen konzentrieren, denn dadurch splitten Sie diese von den automatisch gefällten Urteilen und Bewertungen ab. So finden Sie heraus, was die Grundlage für die unwillkürlichen Bewertungen und Urteile ist, und gehen zurück auf Anfang. Ab diesem Moment übernehmen Sie bewusst die Führung über die Beurteilung der Situation.

AUSPROBIEREN

Entscheiden Sie, ob es sich bei den folgenden Sätzen um Bewertungen bzw. Urteile oder um eine Wahrnehmung handelt.

- Thomas ist sauer auf mich.
- Thomas presst die Lippen aufeinander und runzelt die Stirn.
- Er ist arrogant.

- Seine Augenbrauen sind hochgezogen.
- Letzte Woche hat Frau Müller mich täglich gefragt, ob sie mir helfen kann.
- Frau Müller ist eine liebenswerte Kollegin.
- Die Frau hört mir nicht zu und wendet sich sogar von mir ab.
- Die Frau neigt ihren Kopf zur Seite, während ich rede.
- Ihr Schreibtisch ist immer unordentlich.
- Seit drei Wochen ist die Schreibtischplatte nicht zu sehen, weil Papierstapel darauf liegen.
- Die Kinder sind unhöflich und haben keinerlei Benehmen.
- Die Kinder rennen zur Türe, drücken diese auf und lassen sie hinter sich zuschlagen, ohne sich umzudrehen.

Lösung: Die Aussagen 2, 4, 5, 8, 10 und 12 sind wertfreie Wahrnehmungen. In die anderen Sätze sind individuelle Bewertungen und Urteile eingeflochten.

....

Je öfter Sie Begebenheiten wertfrei unter die Lupe nehmen und dadurch ein Perspektiv- und Gefühlswechsel stattfindet, desto mehr beeinflussen Sie Ihr unwillkürliches Ablage- und Referenzsystem im Gehirn und verändern dauerhaft ungeliebte Reaktionsmuster.

Schritt zwei: Die Motive hinter den Urteilen finden

Körper und Gehirn sind beständig darauf bedacht, unser »Wohlergehen« zu sichern, also unsere physische und psychische Gesundheit, die uns ein langes Leben beschert.

Ob alles in Ordnung ist oder etwas fehlt für die körperliche und geistige Gesundheit, wird uns durch Gefühle und Gedanken bzw. Urteile und Bewertungen signalisiert. Ist alles »im grünen Bereich«, strömen angenehme Gefühle durch den Körper und freundliche Gedanken gehen uns durch den Kopf. Negative Urteile und Bewertungen gehen dagegen mit unangenehmen Gefühlen einher und sind im Grunde genommen etwas verquere Hinweise auf das, was gerade fehlt und jetzt guttun würde.

Urteile möchten auf Missstände hinweisen: darauf, dass »etwas« fehlt zum Wohlergehen, dass eines unserer allgemein menschlichen Bedürfnisse nicht befriedigt ist.

Sie kennen doch sicher auch diese innere Gelassenheit, wenn es Ihnen rundum gut geht. Mit diesem Wohlgefühl fällt es leichter, Verhalten und Situationen ganz ohne Urteile stehen zu lassen. Wenn Sie beispielsweise eine Person dabei beobachten, wie sie etwas ganz anders macht, als Sie es tun würden, dann könnte Ihnen durch den Kopf gehen: »Das ist auch eine mögliche Variante, die Dinge anzugehen. Das Leben hat viele Gesichter.«

Fehlt etwas zu diesem Zustand der Gelassenheit, tauchen dagegen eher unangenehme Gefühle und Urteile auf. »Das geht doch so nicht, so etwas macht man nicht«, wären dann vielleicht Ihre Gedanken.

Haben Sie zum Beispiel Hunger, kann die Frage »Wie war denn dein Urlaub?« ein ungeduldiges »Die nervt mit ihren Fragen. Kann die mich nicht in Ruhe lassen!« hervorrufen. Das Gefühl der Ungeduld und die Kritik im Kopf wollen darauf hinweisen, dass Sie dringend Nahrung brauchen und alles, was Sie vom Kauen abhält, jetzt gerade unpassend ist.

Wenn Sie hungrig oder müde sind, ist klar, was Sie brauchen – Nahrung oder Schlaf. Was aber, wenn Ihnen angewidert durch den Kopf geht »Der ist arrogant«? Was fehlt dann? So eindeutig wie »hungrig = brauche Nahrung« ist es nicht.

Im diesem zweiten Schritt des strukturierten und abwägenden Nachdenkens erforschen Sie die Motive (die unerfüllten Bedürfnisse und Wünsche) hinter den automatischen Urteilen, finden also heraus, was Ihnen zum Wohlergehen konkret fehlt. Wenn Stefan die Motive hinter seinen Urteilen kennt, kann er statt seiner bisherigen missverständlichen Äußerung klar darstellen, was ihm wichtig ist und was er möchte.

Exkurs: Was treibt Menschen zum Handeln an?

Haben Sie schon einmal überlegt, was Sie jeden Morgen dazu bringt, aufzustehen und zur Arbeit zu gehen? »Na, ich muss ja hingehen«, könnten Sie antworten. Aber was ist dieses »Muss« genau? Es steht ja morgens niemand drohend neben dem Bett und zwingt Sie aufzustehen. Irgendeine innere Energie, ein Wunsch oder Motiv in Ihnen selbst veranlasst Sie dazu. Und damit stellt sich ganz allgemein die Frage: Was treibt Sie und alle anderen Menschen zum Handeln an?

Alles, was Menschen tun, wird von inneren, tieferen Bedürfnissen – manche sagen auch Motive, Interessen oder Antreiber dazu – in Gang gesetzt. Bedürfnisse haben nichts mit bedürftig oder arm sein zu tun, sondern sind

elementare, menschliche Notwendigkeiten, die uns pflegen, nähren und schützen – also für unser Wohlergehen sorgen. Nahrung, Schlaf und Luft sind zum Beispiel körperliche Bedürfnisse, denen nachzukommen überlebensnotwendig ist. Deshalb essen, trinken und atmen wir regelmäßig. Auch Schutz, Sicherheit und Zuneigung sind elementare Bedürfnisse, die jeder Mensch hat. Denken Sie an Ihre Freunde und Familie – die Zuneigung der Gruppe sichert Ihnen Unterstützung und Geborgenheit selbst in schwierigen Situationen. Und damals wie heute bauen Menschen Häuser und Hütten, um sich vor dem Wetter und anderen Bedrohungen von außen zu schützen. Ganz egal, wie diese Lebensnotwendigkeiten genannt werden – sie sind die treibende Kraft in uns, etwas zu tun oder zu lassen, zu reden oder zu schweigen. Sie veranlassen uns zu atmen, zu arbeiten, zu flirten, zu lachen, Trost zu spenden oder die Füße am Abend hochzulegen.
Bedürfnisse sichern das Überleben und die individuelle Entwicklung jedes Menschen. Deshalb sind Bedürfnisse grundsätzlich positiv. Oder würden Sie sagen, dass »Freiheit« oder »Zuneigung« negativ sind?
Durch alle Kulturen und Zeitalter sind die grundlegenden menschlichen Bedürfnisse dieselben und können daher als universell bezeichnet werden. Natürlich unterscheiden sich die persönlichen Mittel und Wege, mit denen Bedürfnisse erfüllt werden, von Mensch zu Mensch.
Bedürfnisse sind zwar universell, aber nicht zu jedem Zeit-

punkt gleich wichtig. Je nach Kultur, Lebensabschnitt und Tagesform können einige Bedürfnisse zeitweise wesentlicher als andere sein und meistens sind mehrere gleichzeitig aktiv. Ein Beispiel: Es ist Mittagszeit, Stefan hat Hunger und braucht dringend etwas zu essen. Da er gerade eine knifflige Aufgabe am Computer bearbeitet, braucht er außerdem die Unterstützung der Kollegen. Zusätzlich war der Vormittag durch Telefonate und sonstige Unterbrechungen turbulent und Stefan hätte jetzt gern etwas Ruhe und Erholung. In dieser Mittagspause sind also die Bedürfnisse Nahrung, Unterstützung, Ruhe und Erholung gleichzeitig aktiv. Da Stefans Frühstück heute ausgefallen ist, besorgt er sich zuerst etwas zu essen – das Bedürfnis nach Nahrung ist wesentlicher als die beiden anderen. Mit dem Essen in der Hand (für Nahrung ist gesorgt), rückt Ruhe und Erholung in der Bedürfnishierarchie auf, weshalb er in den Park geht und dann nach der Mittagspause die Kollegen um Unterstützung bittet.

Viele Wissenschaftler haben sich mit der Frage nach den Antreibern für unser Handeln beschäftigt und wesentliche Bedürfnisse ermittelt. Aus allen Theorien zu dem Thema habe ich in der folgenden Liste die wichtigsten Bedürfnisse zusammengetragen. Dabei haben sich die Ideen von Max Neef und Marshall Rosenberg in Bezug auf

Kommunikation als besonders praktikabel herausgestellt.

Sehen Sie sich diese Liste an. Wägen Sie bei jedem Begriff ab, ob Sie zu irgendeinem Zeitpunkt Ihres Lebens den Wunsch hatten, dass sich dieses Bedürfnis erfüllen soll. Hatten Sie Hunger und wollten Nahrung? Waren Sie verwirrt und wünschten sich mehr Überblick? Fühlten Sie sich allein und hatten den Wunsch nach Zuneigung? Waren Sie frustriert und wollten, dass etwas endlich gelingt? Hatten Sie Unterstützung nötig oder brauchten Sie Entspannung? Wollten Sie etwas Neues ausprobieren – dann wäre das ein Zeichen für den Wunsch nach Kreativität und Wachstum? Oder haben Sie etwas abgelehnt, weil es nicht Ihren eigenen Werten entsprach?

Menschliche Bedürfnisse

- *Lebenserhaltung:* Luft, Wasser, Bewegung, Nahrung, Schlaf, Körperkontakt, Distanz/Nähe, Wärme/Kälte, Gesundheit/Unversehrtheit (Handlungen: essen, trinken, schlafen, kuscheln, Sport treiben, Abstand halten, heilen …)
- *Schutz/Sicherheit:* Übersicht, Klarheit, Struktur, Transparenz, Abgrenzung, Autonomie, Solidarität (Handlungen: vorbeugen, planen,

aufpassen, heilen, verteidigen, zusammenarbeiten …)
- *Zuneigung:* Selbstachtung, Solidarität, Wertschätzung, Toleranz, Liebe, Gerechtigkeit, Ausgewogenheit, Autonomie (Handlungen: liebkosen, Gefühle ausdrücken, teilen, betreuen, umsorgen, wertschätzen …)
- *Verständnis:* Empathie, Sinn/Bedeutung, Entwicklung, Rückmeldung, Gelingen (Handlungen: erforschen, lernen, experimentieren, analysieren, nachdenken, interpretieren …)
- *Teilhabe/Geborgenheit:* Solidarität, Wertschätzung, Anerkennung, Zugehörigkeit, Gemeinschaft, Unterstützung, Nähe, Verbindung (Handlungen: sich anschließen, zusammenarbeiten, vorschlagen, teilen, verschiedener Meinung sein, sich und andere achten, miteinander sprechen, vereinbaren, Meinung äußern …)
- *Muße:* Entspannung, Neugierde, Aufnahmebereitschaft, Fantasie, Unbeschwertheit, Humor, Ruhe, Spiel, Leichtigkeit (Handlungen: abschweifen, grübeln, träumen, nachtrauern, fantasieren, erinnern, sich entspannen, sich amüsieren, spielen …)
- *Kreatives Schaffen:* Kreativität, Autonomie, Erfindungsgabe, Neugierde, Inspiration,

Aufnahmebereitschaft (Handlungen: arbeiten, erfinden, herstellen, sich ausdenken, zeichnen, interpretieren ...)
- *Identität:* Zugehörigkeit, Zusammenhalt, Selbstachtung, Sinn, zum Leben beitragen, eigene Werte leben, Selbstausdruck, Selbstwirksamkeit (Handlungen: sich engagieren, sich integrieren, sich entscheiden, sich kennen, sich erkennen, sich erneuern, wachsen ...)
- *Freiheit:* Autonomie, Selbstachtung, Toleranz, Willensfreiheit, Eigenständigkeit (Handlungen: verschiedener Meinung sein, wählen, sich unterscheiden, Risiken eingehen, sich kennen, sich annehmen, nachdenken ...)

Da Bedürfnisse ungegenständlich sind, können sie auf unterschiedliche Weise erfüllt werden. Wenn Sie Hunger haben, können Sie diesen mit einer Bockwurst, einem Salat oder mit Schokolade stillen. Zugehörigkeit können Sie durch eine Mitgliedschaft im Fußballclub oder das Tragen der neuesten Mode empfinden. Die einen sortieren zur besseren Übersicht ihre Papiere in Ordner, andere lassen sie offen herumliegen.

Alle Handlungen, Dinge oder Personen können Bedürfnisse befriedigen. Im Laufe Ihres Lebens haben Sie verschiedene Wege und Strategien erlernt, um Ihre Bedürfnisse zu befriedigen. Jede davon kann ein oder mehrere Bedürfnisse gleichzeitig erfüllen.

Ein Stück Schokolade kann das Bedürfnis nach Nahrung stillen und gleichzeitig das nach Geborgenheit, weil der zartschmelzende Geschmack im Mund die gleichen wohligen Gefühle erzeugt wie der Becher Kakao, den es bei der geliebten Oma immer gab. Ein Dokumentarfilm im Kino kann die Bedürfnisse Erholung, Neugierde und vielleicht Wachstum befriedigen.

Grundlegend gilt es zu unterscheiden zwischen Bedürfnissen und Strategien. Strategien sind nötig, um Bedürfnisse zu erfüllen, sie sind aber nicht das Bedürfnis selbst. Natürlich gibt es Strategien, die günstiger oder geschickter sind als andere. Zum einen, weil gleichzeitig viele verschiedene eigene Bedürfnisse gestillt werden können statt nur einige wenige. Zum anderen, weil Bedürfnisse anderer Menschen mit einbezogen und berücksichtigt werden oder eben nicht. Nehmen wir zum Beispiel einen Teenager mit Liebeskummer. Ihm ist Selbstausdruck und Leichtigkeit wichtig. Dafür stellt er seine Musik auf volle Lautstärke. Das ist eine mögliche Strategie. Wenn er jedoch auch die Bedürfnisse seiner Eltern nach Ruhe und ebenfalls

Selbstausdruck mit einbeziehen würde, wäre eine passendere Strategie, dass er seine Musik über Kopfhörer hört. Die Kopfhörer könnten außerdem zu seinem Bedürfnis nach Empathie und Entspannung beitragen, denn so braucht er mit seinen Eltern nicht zusätzlich zum Liebeskummer auch noch zu streiten.

Deshalb dürfen Sie Strategien auch ablehnen, selbst wenn die Bedürfnisse dahinter verständlich und positiv sind.

Sie haben im Laufe Ihres Lebens viele verschiedene Strategien gelernt, um gut für sich zu sorgen. Manche davon wurde Ihnen erklärt oder vorgelebt, andere haben Sie durch Experimentieren selbst herausgefunden.

AUSPROBIEREN

Denken Sie an etwas, was Sie heute getan haben. Finden Sie heraus, welche Bedürfnisse Sie sich damit erfüllt haben. Finden Sie anschließend weitere Möglichkeiten, um sich diese Bedürfnisse zu erfüllen. Dabei sind Ihnen keine Grenzen gesetzt, lassen Sie den Ideen freien Lauf und ziehen Sie auch Unmögliches und Verrücktes in Betracht. Keine Angst, Sie brauchen diese Möglichkeiten anschließend nicht auszuprobieren!

Das Schöne an der Universalität von Bedürfnissen ist, dass sich jeder mit ihnen identifizieren kann, anders als mit den Strategien zu ihrer Erfüllung, die oft Anlass für Differenzen sind. Genau hier setzt achtsame Kommunikation an: Indem Sie andere wissen lassen, welche Bedürfnisse Ihnen wichtig sind, und erklären, wie die von Ihnen gewählte Strategie dazu passt, vermeiden Sie Missverständnisse und Abwehr.

*Wenn Sie Ihre Bedürfnisse kennen,
können Sie gut für sich sorgen und
klar mit anderen kommunizieren.
Sie sind frei in Ihrer Alltagsgestaltung,
aber auch kompromissfähig,
wenn es darauf ankommt.*

Eigene Bedürfnisse erkennen

Zurück zu Stefan. »*Das wird bestimmt anstrengend. Der Neue spielt sich ganz schön auf. Meint, alles besser zu wissen!*«, raunt Stefan missmutig seinem Tischnachbarn zu. Auf welche Bedürfnisse wollen seine Sätze und die darin enthaltenen Bewertungen und Urteile hinweisen? Um das heraus-

zufinden, lassen Sie uns Stefans Aussage Punkt für Punkt durchgehen.
Bedürfnisse sind nicht immer leicht zu erkennen. Stefan würde auf die Frage danach wahrscheinlich antworten: »Welche Bedürfnisse hinter dem Satz ›Das wird bestimmt anstrengend‹ stecken? Na, ich möchte bei der Arbeit auch lachen können und Spaß haben!« Viele Menschen sind es nicht gewohnt, Bedürfnisse zu benennen. Stattdessen nennen sie dann Gefühle (wie Spaß haben) oder Handlungen (wie lachen können). Erstaunlicherweise führt die Frage: »Was würde es dir bedeuten, wenn es anders wäre?« eher dazu, dass der Person klar wird, welches Bedürfnis sie erfüllt haben möchte.

Was würde es Stefan also bedeuten, wenn es anders wäre? Bislang befürchtet er:
»*Das wird bestimmt anstrengend.*«
Laufen die Veränderungen jedoch unkompliziert, strukturiert und unter Einbeziehung aller Mitarbeiter ab, erfüllen sich Stefans Bedürfnisse nach Übersicht, Leichtigkeit, Entspannung, Unterstützung, Solidarität und Sicherheit.

»*Der Neue spielt sich ganz schön auf. Meint, alles besser zu wissen!*«

Lässt der neue Kollege Stefan ausreden und hört ihm zu, wenn er seine Beiträge und Einwände mitteilt, erfüllen sich Stefans Bedürfnisse nach Zusammenhalt, Solidarität, Anerkennung, Struktur und Wertschätzung.

Stefans Urteile möchten ihn also darauf hinweisen, dass ihm Übersicht, Struktur, Sicherheit, Unterstützung, Solidarität, Zusammenhalt, Anerkennung, Wertschätzung, Leichtigkeit und Entspannung wichtig sind. Im ersten Schritt hatte Stefan bereits festgestellt, dass vor allem Michaels Worte über die anstehenden Veränderungen unangenehme Gefühle in ihm auslösen, und zwar Unruhe und Unsicherheit.
Also stehen seine Bedürfnisse in unmittelbarem Zusammenhang mit dem anstehenden Veränderungsprozess.
Indem Stefan strukturiert und abwägend über die Situation und seine Urteile nachdenkt, kann er seine ursprüngliche Reaktion korrigieren und anpassen. Nun könnte er zu seinem Tischnachbarn sagen: »*Durch diese Vorstellungsrede wird ja sehr deutlich, was Michaels Aufgabe hier sein wird. Wenn ich Worte wie ›neuen Schwung‹ und ›Umstrukturierung‹ höre, werde ich allerdings ziemlich unruhig und unsicher. Was genau kommt da auf*

uns zu? Mir sind Struktur und Klarheit wichtig. Wie werden wir die Veränderungen gemeinsam angehen und umsetzen?«

Diese Aussage wird bei seinem Tischnachbarn wohl keine Abwehr erzeugen, weil dieser nun verstehen kann, was Stefan bewegt und worüber er sich Gedanken macht.

Über Bedürfnisse nachzudenken ist wichtig für eine achtsame Kommunikation, weil Bedürfnisse jegliches Handeln und Reden beeinflussen. Ebenso wesentlich ist es, zwischen Bedürfnissen und unseren Strategien, um sie zu erfüllen, zu unterscheiden. Beides führt zu mehr Verständnis – für uns selbst und für unsere Mitmenschen. Unsere treibenden Bedürfnisse zu kennen bringt Klarheit in die Kommunikation.

Achtsame Selbstreflexion besteht aus zwei Schritten. Zuerst trennen Sie Ihre Bewertungen und Urteile von Ihren eigentlichen Wahrnehmungen und Gefühlen. Anschließend finden Sie heraus, welche Bedürfnisse in diesem Moment unerfüllt sind.

Im Gefühlschaos: Sich selbst beruhigen und Klarheit schaffen

»Es reicht mir! So geht es nicht weiter!« Mit diesen Sätzen verlässt Frau Müller die Kaffeeküche im Kindergarten. Isabell ist durcheinander. Das vorausgegangene Gespräch hat sie wütend gemacht, die vorgebrachten Argumente haben sie aufgeregt. Aber die Aussprache war schon längst überfällig und die Gelegenheit war günstig – so alleine in der Kaffeeküche. Dass das Ganze so ausgehen würde, damit hatte Isabell nicht gerechnet. Sie ist froh, dass sie Frau Müller nicht spontan hinterhergelaufen ist, um die Sache abschließend zu klären. Erst einmal muss sie sich selbst beruhigen und sortieren, was gerade schiefgelaufen ist.

Isabells Herz klopft bis zum Hals, sie ist aufgeregt, verwirrt, ratlos, den Tränen nahe und gleichzeitig wütend. In diesem Zustand wird sie die Situation nicht klären können – zu viele verschiedene Gefühle lassen ihre Gedanken sich überschlagen.
Durch dieses Gefühlswirrwarr hindurch merkt Isabell, dass etwas mit der Situation nicht in Ordnung war. Sie möchte sich beruhigen, klare Gedanken fassen und erkennen, was wieso schiefgelaufen ist. Und natürlich den Tag neu planen – denn Frau Müller wird ihr heute immer wieder über den Weg laufen.

Wie weiter oben beschrieben, sind unangenehme Gefühle ein Hinweis darauf, dass etwas schiefläuft bzw. aus der Sicht unseres inneren Wachdienstes »ungünstig« ist. Angenehme Gefühle weisen darauf hin, dass es gerade gut bzw. »günstig« läuft.
Doch wie können Sie sich beruhigen und Klarheit bekommen, wenn eine Situation Sie total durcheinanderwirbelt, tausend Gefühle gleichzeitig da sind und kein klarer Gedanke zu fassen ist? Ich stelle Ihnen im Folgenden fünf Schritte vor, um im Gefühlschaos wieder ruhig zu werden. Im ersten Schritt bändigen Sie zunächst Ihre Gefühle durch Achtsamkeit für Ihren Körper. In Schritt zwei bis fünf sortieren Sie dann mithilfe eines achtsamen inneren Dialogs das Geschehen und planen auf dieser Grundlage Ihr anschließendes achtsames Vorgehen.

1. Schritt: Um den Körper zu beruhigen, eignet sich eine achtsame Durchwanderung des Körpers, auch Body-Scan genannt. Während Sie locker atmen, konzentrieren Sie sich auf das innere Erkunden der verschiedenen Körperregionen.

AUSPROBIEREN

Körperwanderung

Ihr ältester Freund ist Ihr Körper. Sie kommen mit ihm auf die Welt und verbringen Ihr gesamtes Leben mit ihm. Dabei steht er Ihnen stets zu Diensten, kümmert sich um Sie, zum Beispiel indem er durch Gefühle auf Ihr Wohl- oder Unwohlsein aufmerksam macht. Er registriert Chancen und Risiken, zieht die nötigen Nährstoffe aus der Nahrung und atmet. Er speichert Erfahrungen und hält gewonnene Erkenntnisse für zukünftige Planungen bereit. Wie jeder gute Freund freut sich Ihr Körper über Aufmerksamkeit und Zuwendung. Als Dank gibt es Frische, Kraft und Entspannung zurück. Begeben Sie sich auf eine Körperreise und lassen Sie Stress und Anspannung aus sich heraus. Im Gegenzug erhalten Sie Ruhe und emotionale Stabilität.

Machen Sie es sich an einem ruhigen Platz Ihrer Wahl bequem und schließen Sie die Augen. Für eine gute Sauerstoffversorgung Ihrer Lungen halten Sie Ihren Oberkörper gerade, sodass Nacken und Wirbelsäule in einer Linie sind und die Schulten entspannt herabhängen. Auf diese Weise kann das Blut ruhig strömen und alle Organe können optimal arbeiten.

Gehen Sie nun mit Ihrer Aufmerksamkeit nach innen in den Körper. Finden Sie Stellen, die aus irgendeinem Grund Aufmerksamkeit brauchen, weil sie zum Beispiel schmerzhaft oder verspannt sind. Suchen Sie genauso nach Stellen, die sich gut anfühlen, weil sie zum Beispiel locker, weich und warm sind.

Nach diesem ersten groben Überblick über Ihren Körper gehen Sie im nächsten Schritt die einzelnen Körperteile durch. Beginnen Sie mit Ihrem Kopf. Bemerken Sie, wie sich Ihr Kopf anfühlt, und schicken Sie mit jeder Einatmung frischen, kühlen Sauerstoff in ihn hinein. Und bei jedem Ausatmen spüren Sie, wie alles Unangenehme, alle Anspannung aus Ihrem Kopf herausfließt. Fahren Sie damit so lange fort, bis sich Ihr Kopf frisch und klar anfühlt.

Machen Sie anschließend auf die gleiche Weise weiter mit dem Nacken und Ihren Schultern. Lassen Sie die den Atem alle Verspannungen auflösen, allen Stress und alles Schwere wegpusten.

Auf diese Art versorgen Sie nacheinander auch alle anderen Körperregionen mit frischem Sauerstoff: die Arme, Ihre Brust und den Bauch, den Rücken und Ihr Becken, zum Schluss die Beine und die Füße bis in die Zehenspitzen.

Wenn Ihr ganzer Körper frisch und klar ist und alle Störungen bereinigt sind, strecken Sie sich und öffnen die Augen.

....

2. Schritt: Sicher sind Sie für andere Menschen eine gute Beraterin oder ein guter Lösungsfinder – seien Sie dies nun für sich selbst. Beginnen Sie einen Dialog mit sich in der Du-Anrede. Dadurch schaffen Sie Abstand zur Situation und aktivieren die Beraterin oder den Lösungsfinder in eigener

Sache. Was Sie bisher über achtsames Beobachten und Wahrnehmungen gelernt haben, kommt Ihnen jetzt zugute.

Beginnen Sie die Begebenheit, die Sie aus dem Tritt gebracht hat, unter die Lupe zu nehmen, indem Sie ganz exakt Ihre – nicht wertenden – Beobachtungen zusammenfassen.

Isabells innerer Dialog klingt so: »*Isabell, du bist in die Kaffeeküche gekommen und hast dort Frau Müller getroffen. Du hast ein Gespräch begonnen über das Thema, das dir seit zwei Wochen auf dem Herzen liegt. Nach einigen Sätzen wird Frau Müllers Stimme lauter und die Unterhaltung endet mit ihrem Ausruf ›Es reicht mir! So geht es nicht weiter‹. Frau Müller verlässt die Kaffeeküche, bevor du etwas sagen kannst.*«

3. Schritt: Nachdem die Situation wertfrei beschrieben ist, geht es in diesem Schritt um alle aufgekommenen Gefühle, denn diese geben Ihnen Hinweise auf Ihre Bedürfnisse. Unangenehme Gefühle weisen darauf hin, dass Bedürfnisse unerfüllt geblieben sind. Sind die Gefühle sehr intensiv, scheint das Bedürfnis besonders wichtig zu sein. Sind die Gefühle schwächer, ist das Bedürfnis zwar im Mangel, dieser aber nicht so gravierend. Unterschiedliche Gefühle können ein Indiz für unterschiedliche Bedürfnisse sein. Also gilt es zunächst, alle Gefühle zu erkennen und den einzelnen Aspekten der Situation zuzuordnen. So können Sie auch später leichter erkennen, welche Bedürfnisse zu welchen Gefühlen und Beobachtungen gehören. Isabells innerer Berater fasst ihre Gefühle so zusammen: »*Isabell, du fühlst dich aufgeregt, verwirrt, ratlos, den Tränen nahe und gleichzeitig wütend. Die Aufregung rührt daher, weil ein solcher Gesprächsverlauf mit all den aufkommenden Gefühlen schlichtweg körperlicher Stress ist. Dieser Stress geht mit Herzklopfen und schnellem Atmen einher. Du bist überrascht, verwirrt und verblüfft, weil du anfangs erfreut warst, Frau Müller zu treffen, um endlich das erwünschte Gespräch zu führen, und dann ist das Ganze völlig anders verlaufen und ausgegangen, als du es dir vorgestellt hattest und es normalerweise zwischen euch beiden läuft. Im Augenblick weißt du nicht mehr weiter, bist entsprechend ratlos und würdest am liebsten weinen. Gleichzeitig bist du wütend über dich selbst, da du es besser machen wolltest und gekonnt hättest.*«

So auseinandergenommen, bekommt Isabells Gefühlswirrwarr Struktur und Klarheit. Sie kann jetzt besser erkennen, welche Gefühle zu welchem Teil ihrer Beobachtungen gehören.

4. Schritt: Ihre Beobachtungen in Zusammenhang mit den dabei aufgetretenen Gefühlen weisen auf ganz bestimmte Bedürfnisse hin. Lassen Sie sich von der Bedürfnisliste auf Seite 52 bis 54 inspirieren und finden Sie passende Bedürfnisse für Ihre jeweilige Situation.

Isabell kommt bei ihrer Suche zu folgenden Schlüssen:

Der unvorhergesehene Verlauf des Gesprächs und dessen Ausgang haben Isabell überrascht und verwirrt, weil die Bedürfnisse nach Struktur, Übersicht, Verstehen, Leichtigkeit und Verbindung nicht erfüllt wurden.

Frau Müller ist hinausgegangen, ohne dass Isabell die Chance hatte, die Situation zu klären und zu beruhigen. Deshalb ist Isabell ratlos und den Tränen nahe, weil die Bedürfnisse Verstehen, Transparenz, Gelingen und Verbindung nicht erfüllt wurden.

Isabell kann grundsätzlich solche Gespräche einfühlsam und erfolgreich führen. Ihr ist es wichtig, alle Gesprächspartner zu respektieren. Deshalb ist sie wütend auf sich selbst, denn sie hätte das Gespräch besser führen können und wollen. Die unerfüllten Bedürfnisse dahinter sind: Selbstachtung, Selbstwirksamkeit, Gelingen und Klarheit.

5. Schritt: Sie haben sich nun beruhigt und die Situation für sich geklärt. Jetzt geht es ins Handeln. Betrachten Sie alle Bedürfnisse, wägen Sie Ihre Prioritäten ab und bestimmen dann, was Sie als Nächstes tun möchten. Am besten sind Handlungen, die mehrere Bedürfnisse auf einmal im Blick haben.

Isabell zieht aus den vorherigen Überlegungen diese Schlüsse: *»Normalerweise bereite ich mich intensiv auf solche Gespräche vor. Dieses Gespräch hat sich spontan und unvorbereitet ergeben. Ich merke jetzt, dass deshalb sofort mit dem ersten Satz ein leiser Ärger über mich selbst hochkam. Mir ist sehr wichtig, Gespräche vorzubereiten. So kann ich mich auf den Gesprächspartner konzentrieren und ihm die entsprechende Wertschätzung entgegenbringen. Ansonsten überlege ich während des Gesprächs und bin dann nicht ganz bei der Sache. Dann gerate ich schnell aus der Fassung und werde unfair. Ich habe gegen meine eigenen Werte – Fairness sowie Menschen Wertschätzung durch Aufmerksamkeit zu schenken – verstoßen. Der Ärger über mich selbst hat mich daran gehindert, die Kurve zu bekommen und das Gespräch so gut zu führen, wie ich es eigentlich könnte. Ich setze mich jetzt hin und bereite mich auf eine erneute Aussprache vor – sowohl auf das, was ich* *ursprünglich klären wollte, als auch auf das, was durch das missglückte Gespräch in der Teeküche dazugekommen ist. Und bevor ich dann noch mal mit Frau Müller rede, spreche ich das Ganze mit meiner Kollegin durch – dann werde ich sehen, ob ich an alles gedacht habe.«*

AUSPROBIEREN

Wenn Sie in einer schwierigen Situation und aufgewühlt sind, helfen Ihnen diese fünf Schritte, sich selbst zu beruhigen und Klarheit zu schaffen:

1. Schritt: Beruhigen Sie Ihren Körper durch tiefes Atmen und eine Körperwanderung.
2. Schritt: Reduzieren Sie die Situation auf die reinen – wertfreien – Beobachtungen und Wahrnehmungen.
3. Schritt: Erforschen Sie Ihre Gefühle und benennen Sie diese.
4. Schritt: Finden Sie nun die Bedürfnisse heraus, die erfüllt werden möchten.
5. Schritt: Beschließen Sie aufgrund Ihrer neuen Erkenntnisse die nächsten Handlungsschritte.

Die Aufmerksamkeit auf den Körper lenken, die Gedanken bündeln und tief atmen besänftigt aufgewirbelte Gefühle. Solchermaßen beruhigt, spüren Sie den tieferen Bedürfnissen nach, die uns Menschen zum Reden und Handeln aktivieren, und planen souverän Ihre nächsten Schritte.

Achtsam für sich eintreten

Schon lange überlegt Isabell, wie sie ihren Eltern beibringen kann, dass sie über die Weihnachtstage mit Stefan und einem befreundeten Paar zum Skifahren möchte. Bisher hat sie noch keine zufriedenstellende Formulierung gefunden, wie sie ihren Eltern ihren Entschluss so beibringen kann, dass der Familienfrieden nicht darunter leidet. Ihren Eltern war Weihnachten mit der Familie immer heilig, und bisher ist Isabell über die Feiertage entweder mit Stefan zu ihren Eltern gefahren oder hat diese zu sich und Stefan eingeladen. Das Thema ist also etwas heikel und sie möchte keine Konflikte heraufbeschwören, sondern einfach mal mit ihren Freunden Weihnachten verbringen.

Isabell ist die Beziehung zu ihren Eltern sehr wichtig. Einerseits möchte sie gut für sich einstehen, selbst wenn ihre Anliegen oder Ansichten nicht gerade freudestrahlend aufgenommen werden. Andererseits möchte sie auch bei heiklen Themen mit ihren Eltern in gutem Kontakt bleiben, Missverständnisse vermeiden und gemeinsame Lösungen finden.

Sie weiß, dass es sehr viel Energie und Zeit kostet, einen Streit beizulegen, unüberlegte Worte zu entschärfen und verloren gegangenes Vertrauen wieder aufzubauen. Deshalb ist es ihr so wichtig, sich wirklich klar darüber zu sein, um was es ihr geht, und dafür die richtigen Worte zu finden. Während es ihr in alltäglichen Situationen leichtfällt, darüber zu sprechen, fehlen ihr bei komplizierteren Anliegen oftmals die richtigen Worte.

Achtsame Kommunikation bedeutet, mit sich selbst in freundschaftlichem Kontakt zu sein, um so die eigenen Bedürfnisse achtsam und eigenverantwortlich nach außen vertreten zu können.

Häufig wird bei Konflikten über Vorgehensweisen und Lösungen diskutiert, ohne zuvor herauszufinden, wofür diese überhaupt dienen sollen. Ähnliches befürchtet Isabell, wenn sie vom Skifahren erzählt. Sie hört schon ihren Vater sagen: »Skifahren ist eine Umweltsünde.« Und ihre Mutter wirft bestimmt noch ein: »Skifahren ist so gefährlich. Und außerdem tut man so etwas nicht an Weihnachten. Das ist ein Familienfest.«

Wenn Sie wissen, was Sie und Ihre Mitmenschen antreibt, können Sie dies adäquat kommunizieren und für sich einstehen. Dann gelingt es auch, gemeinsam neue Lösungen für die Bedürfnisse aller Beteiligten auszuhandeln.

Achtsam für sich einzustehen bedeutet, dem Gegenüber die eigenen Beweggründe und Überlegungen verständlich und nachvollziehbar zu machen.
Je besser Ihre Beobachtungen und die dazugehörigen Gefühle und Bedürfnisse für Ihren Gesprächspartner durchschaubar sind, desto eher lassen sich Missverständnisse, Fehldeutungen und vorschnelle Urteile vermeiden. Gleichzeitig signalisieren Sie damit, dass Sie dem anderen vertrauen und offen sind, seine Sicht der Dinge anzuhören.

Bedenken Sie, dass heikle Anliegen, selbst wenn sie achtsam angesprochen werden, dennoch unangenehme Gefühle auslösen können. Um die passenden Worte zu finden, gehen Sie ähnlich vor, wie in Schritt zwei bis fünf im vorigen Unterkapitel beschrieben.

Ihr Anliegen Schritt für Schritt offenlegen

Finden Sie zuerst eine wertfreie Beschreibung Ihrer Wahrnehmungen. Gerade wenn viele verschiedene

Faktoren zusammenkommen, ist das manchmal eine große Herausforderung. Dann greifen Sie diese im Gespräch einzeln auf, damit Ihr Gegenüber folgen kann.

Beobachtungen
Isabell drückt ihre Beobachtungen so aus: »*Mama, dir liegt sehr viel daran, Weihnachten mit der Familie zu feiern, und deshalb haben Stefan und ich die letzten Jahre die Feiertage mit euch verbracht. In diesem Jahr möchten wir aber gerne mit Freunden auf eine Skihütte fahren und dort feiern.*«

Gefühle
In vielen Fällen wird ein Anliegen für andere klarer, wenn Sie Ihre Gefühle offenlegen. Das hilft zu verstehen, wie es Ihnen geht, und es wird klarer, warum Sie dieses Anliegen vorbringen.
Isabell erzählt weiter: »*Mir liegt sehr viel an dir und ich genieße Weihnachten mit euch. Gleichzeitig sind Stefan und ich erschöpft von diesem Jahr und haben durch die viele Arbeit unsere Freunde vernachlässigt. Ich habe Angst vor einem Streit mit dir und bin unsicher, ob du mich verstehen kannst.*«

Bedürfnisse

Es ist nun an der Zeit, von Ihren Bedürfnissen zu sprechen, die Sie erfüllen möchten. Bleiben die Situation und Ihre Gefühle einfach im Raum stehen, weiß Ihr Gegenüber nicht, was Sie sich wünschen. Diese Verwirrung führt dann oftmals zu Unmut, Widerstand oder einem Streit über Strategien. Sagen Sie Ihrem Gegenüber daher, welche Bedürfnisse hinter Ihrem Anliegen stecken.

Isabell erklärt ihrer Mutter: »*Mir ist unsere gute Verbindung sehr wichtig. Gleichzeitig brauche ich Bewegung und Entspannung. Außerdem möchte ich die Zugehörigkeit und Verbindung mit unseren Freunden und mit Stefan stärken.*«

(Vielleicht hört sich dieser Satz in Ihren Ohren etwas hölzern an. Ich habe ihn so formuliert, um Isabells Bedürfnisse möglichst klar und deutlich auszudrücken. Umgangssprachlich könnte Isabell es vielleicht so sagen: »*Mama, ich habe dich und Papa wirklich lieb und schätze unsere gute Beziehung zueinander sehr. Aber dieses Weihnachten möchte ich mehr Bewegung und draußen sein als sonst. Unsere Freunde haben gefragt, ob wir gemeinsam Ski fahren über Weihnachten – das wäre genau das Richtige für mich. Stefan und ich freuen uns sehr über die Idee, weil wir die beiden wirklich gern haben und das unserer Freundschaft sicher-*

lich guttut. Und unserer Liebesbeziehung würde so eine Unternehmung vor der Familiengründung auch nicht schaden.«)

Kontakt zum Gegenüber

Nun hat Isabell ihrer Mutter vollständig erklärt, worum es ihr geht und wie sie sich fühlt. Der nächste Schritt besteht jetzt darin, mit dem Gesprächspartner in Kontakt zu kommen. Dazu ist es hilfreich, wenn Sie genau wissen, was Sie erreichen möchten.

Wenn Sie nicht sicher sind, ob Ihre Worte von Ihrem Gegenüber richtig verstanden wurden, können Sie um eine kurze Zusammenfassung bitten. Dann haben Sie sofort die Chance, eventuelle Missverständnisse zu korrigieren.

Bei Isabell könnte sich das so anhören: »*Mama, ich bin mir nicht sicher, ob ich mich gerade verständlich ausgedrückt habe. Deshalb bitte ich dich, kurz zu sagen, was du bisher verstanden hast, damit ich es eventuell besser erklären kann, okay?*«

Wenn Sie jemandem gerade eine Absage geben oder ein heikles Thema ansprechen, können Sie damit rechnen, dass Ihr Gegenüber gerne etwas dazu sagen möchte. Gerade schwierige Themen lösen meist unangenehme Gefühle aus und lassen

Bedürfnisse beim Gegenüber unerfüllt. Jetzt empfiehlt es sich, in Verbindung zu treten, indem Sie nach den Gefühlen und der Meinung Ihres Gesprächspartners fragen.
Isabell könnte fragen: »*Mama, wie geht es dir jetzt, nachdem ich das alles gesagt habe?*«

Eine Bitte stellen
Gerade wenn es um konkrete Probleme geht, liegt es nahe, über entsprechende Strategien und Lösungen zu reden. Oft geht es darum, dass jemand etwas tun soll, um unsere Bedürfnisse zu erfüllen. In der achtsamen Kommunikation bitten Sie klar und eindeutig um das, was Sie möchten, anstatt zu erklären, was Sie nicht möchten. Statt einen vagen Wunsch für die Zukunft zu formulieren, machen Sie einen konkreten, umsetzbaren Vorschlag für die Gegenwart. Sobald Sie Ihren Vorschlag unterbreitet haben, sind die Verhandlungen für beide Gesprächspartner eröffnet. Denn Ihr Gegenüber hat natürlich jedes Recht, einen Alternativvorschlag zu machen und Ihre Bitte auszuschlagen.
Isabell könnte folgende Bitte an ihre Mutter stellen: »*Wärst du bereit, jetzt mit mir zu besprechen, ob und wie wir unser Weihnachtsfest eventuell vor- oder nachverlegen können, um dann gemeinsam zu feiern?*«

Wie Isabells Mutter nun reagieren wird, ist unklar. Es könnte gut sein, dass sie wenig begeistert ist. Das lässt sich wohl nicht verhindern – egal wie achtsam Isabell das Thema anspricht. Wichtig ist, dass Isabell eine Möglichkeit hat, das Thema vollständig anzusprechen, klarzumachen, wie es ihr geht und was ihr wichtig ist. Ihr Ziel ist, eine gute Beziehung mit ihrer Mutter zu pflegen, auch wenn es mal knirscht zwischen den beiden. Isabell ist erleichtert, weil sie für sich selbst klären konnte, um was es ihr wirklich geht. Ihr hat vor allem gutgetan, die eigenen Bedürfnisse zu vertreten – das war einfacher, als mit der Mutter über den Sinn oder Unsinn einer Ski-Reise über Weihnachten zu streiten.

AUSPROBIEREN

Wenn Sie für sich einstehen möchten, jemanden um etwas bitten, was Ihnen am Herzen liegt, oder auch etwas ablehnen oder ausschlagen wollen, empfiehlt es sich, die Dinge zunächst für sich selbst zu klären und erst dann dem Gesprächspartner mitzuteilen:

Zuerst die Beobachtung kurz zusammenfassen, das, was Sie zu Ihrer Entscheidung oder Absage bewegt. Seien Sie spürbar, indem Sie Ihre Gefühle und Bedürfnisse offen aussprechen. Fassen Sie sich dabei eher kurz, damit Ihr

Gegenüber Ihnen gut folgen kann. Legen Sie offen, welche Bedürfnisse Sie erfüllen möchten, damit das Gespräch kein Schlagabtausch über Strategien wird. Nachdem klar ist, worum es geht, haben Sie die Möglichkeit, mit der anderen Person in Kontakt zu treten, entweder mit der Frage »Was hast du verstanden?« oder »Wie geht es dir jetzt?«, oder mit einer konkreten Handlung (»Würdest du bitte ... tun?«), über die natürlich von der anderen Seite mitverhandelt werden kann.

....

Natürlich kann es sein, dass andere Menschen wenig erfreut reagieren, wenn Sie Ihre Meinungen oder Wünsche kundtun.
Lernen Sie auszuhalten, dass jemand nicht begeistert ist, wenn Sie ehrlich sind und eine Bitte ausschlagen. Jeder hat das Recht, dann traurig, frustriert oder verwirrt zu sein.

2

Kontakt mit anderen auf Augenhöhe

Als körperlich recht schutzlose Wesen ohne Bären-Kräfte oder Geparden-Schnelligkeit sind wir Menschen seit jeher aufeinander angewiesen, um den nötigen Schutz vor Feinden – seien es Tiere, Krankheiten oder andere Menschen – sowie ausreichend Nahrung zu gewährleisten. Im Laufe der Evolution haben wir daher zur besseren Verständigung untereinander eine ausgefeilte Mimik, Gestik und Sprache entwickelt. Das menschliche Gehirn kann selbst feinste Nuancen in der Kommunikation erkennen und deuten – sei es ein leichtes Zucken um die Augen oder eine winzige Veränderung der Körperhaltung oder Tonlage. Über sogenannte Spiegelneurone im Gehirn nehmen wir unbewusst die Stimmung unseres Gegenübers auf. Wir werden regelrecht von den Gefühlen des anderen angesteckt.

Gute zwischenmenschliche Beziehungen erfüllen

eine Vielzahl unserer Bedürfnisse auf einmal: Lebenserhalt, Schutz und Sicherheit, Zuneigung, Verstehen, Teilhabe und Geborgenheit, Muße, kreatives Schaffen, Identität und Freiheit.

Wenn Sie auch in schwierigen Situationen gute, tragfähige Beziehungen zu Ihren Mitmenschen pflegen möchten, eignet sich achtsame Kommunikation wunderbar, zum Beispiel

- wenn Ihnen jemand etwas Aufwühlendes von sich erzählt oder ein heikles Thema anschneidet und Sie die Person unterstützen möchten;
- bei Kritikgesprächen, wenn Sie jemandem Rückmeldung geben oder um etwas bitten oder etwas ablehnen wollen;
- wenn in einem Konflikt eine Lösung gefunden werden muss, die von allen Beteiligten gemeinsam getragen wird, und Sie sich einigen wollen;
- für Gespräche über kleine oder große Probleme – im privaten und beruflichen Kontext.

Achtsame Kommunikation basiert auf der Absicht, intakte und stabile Beziehungen zu pflegen. Für die Beziehungspflege mittels achtsamer Kommunikation braucht es Aufmerksamkeit, Neugier und Allparteilichkeit. Allparteilichkeit ist eine Haltung, in der alle beteiligten Menschen gleichwertig, ohne hierarchische Unterschiede gesehen und behandelt werden. Alle Meinungen und Sichtweisen zählen gleich viel, keine steht über der anderen oder wiegt schwerer.

Um Ihre Aufmerksamkeit, Neugier und Allparteilichkeit zu schulen, möchte ich Ihnen nun ein paar Anregungen geben, Menschen und deren Handlungen achtsam zu betrachten. Denn Ihre Sichtweise wird entscheidend sein für Ihren achtsamen Umgang mit anderen.

Worte und Wirklichkeit

Jeder Mensch hat ein eigenes inneres Erleben. Worte dienen dazu, dieses Erleben darzustellen. Ihr inneres Erleben kann sich erheblich von dem anderer Menschen unterscheiden, selbst wenn dafür ähnliche Worte benutzt werden. Wer das bedenkt, kann achtsamer kommunizieren.

»Stefan, ich mache mir Sorgen wegen des Geldes, wenn wir Kinder haben.« – »Dass du sofort Panik bekommen musst, Isabell! Das klappt schon. So ein großes Problem ist das nicht!« Stefan ist mürrisch und verärgert. »Was ist denn plötzlich los mit dir?«, fragt Isabell. »Ich möchte nur kurz mit dir durchsprechen, wie unsere Finanzen in der Elternzeit aussehen.« – »Ja, und du machst daraus direkt eine große Sache und siehst schwarz!«, gibt Stefan zurück. »Ich verstehe nicht, wieso du so verärgert und aufgeregt bist. Ist doch eine normale Sache, über Geld zu reden!«

Isabell ist verwirrt über Stefans ärgerliche Reaktion auf ihr Anliegen. Was ist los bei den beiden?
Wir Menschen haben sehr ausgeklügelte Fähigkeiten, Kommunikation zu deuten und uns auszudrücken. Trotzdem entstehen oft Missverständnisse, und Ärger kommt auf. Das liegt einerseits an der persönlichen inneren Welt jedes Menschen und andererseits daran, wie wir diese nach außen ausdrücken.
Ihre innere Welt besteht aus Ihren persönlichen Wahrnehmungen und Ihrem inneren Erleben der Vergangenheit und Gegenwart. Diese Welt kennt niemand außer Ihnen. Nur wenn jemand in Sie hineinschlüpfen, Ihre Gedanken denken und Ihre Gefühle fühlen würde (was bekanntlich nicht möglich ist), könnte diese Person Ihre innere Welt erfahren. Sprache (gepaart mit Gestik und Mimik) ist daher das Mittel, mit dessen Hilfe wir unsere innere Welt Außenstehenden verständlich machen. Sprache besteht aus festgelegten Bezeichnungen (Worten) für Dinge, Zustände und Handlungen. In der deutschen Sprache hat sich zum Beispiel das

Wort »Stuhl« etabliert, um damit eine Fläche mit Lehne auf vier Beinen zu beschreiben. Als Kind haben Sie von anderen Menschen dieses Wort für diesen Gegenstand gelernt und wenn Sie das Wort »Stuhl« hören, sehen Sie den entsprechenden Gegenstand vor Ihrem inneren Auge.

Ein Österreicher hingegen bezeichnet denselben Gegenstand als »Sessel«. Hören Sie das Wort »Sessel«, haben Sie wahrscheinlich einen etwas anderen Gegenstand als einen Stuhl vor Augen, zwar ähnlich, aber mit Armlehnen und gepolstert. Wenn also ein Österreicher zu Ihnen sagt: »Nimm dir einen Sessel und setz dich zu mir«, werden Sie beide nicht den gleichen Gegenstand im Sinn haben.

Ganz genauso verhält es sich mit den Worten, mit denen wir unsere innere Welt beschreiben. Worte sind (ähnlich wie Landkarten) Modelle, um die Wirklichkeit darzustellen. Eine Landkarte hat eine Legende mit festgelegten Symbolen für Straßen, Gewässer, Sehenswürdigkeiten und Berge. Wer gelernt hat, Landkarten zu lesen, kann sich mithilfe der Symbole mühelos orientieren. Dann entstehen beim Betrachten der Landkarte vor dem inneren Auge Bilder, wie die wirkliche Landschaft aussehen könnte. Ob diese Bilder mit der Realität übereinstimmen, merken Sie aber erst, wenn Sie tatsächlich in der Landschaft stehen.

Um sich ein Bild von der inneren Welt eines anderen Menschen machen zu können, gleichen Sie diese bewusst oder unbewusst mit Ihrer eigenen ab. Dabei kann es vorkommen, dass die zur Beschreibung benutzten Worte für verschiedene Personen unterschiedliche Bedeutungen haben. Dadurch kann jede Aussage nur ein vages Abbild der inneren Welt eines Menschen sein – aber niemals die innere Welt selbst.

Die Magie verschiedener Sichtweisen

Aufgrund seiner Erlebnisse in der Vergangenheit hat jeder Mensch eine persönliche Sicht auf die Welt sowie eine individuelle Gefühls- und Erlebnislandschaft entwickelt. Dabei können unterschiedliche Worte für gleiches Erleben gebraucht werden – oder gleiche Worte für unterschiedliches Erleben.

Wie bei Isabell und Stefan lässt dies Verständigung und die Suche nach Gemeinsamkeiten deshalb manchmal schwierig scheinen. Isabell benutzt bestimmte Worte und Symbole, um Stefan von ihrer inneren Welt zu erzählen. Dabei unterscheidet sich Stefans Bedeutung der Worte und Symbole von Isabells. Im obigen Beispiel ist es konkret der Ausdruck »Sorgen machen«, der unterschiedlich interpretiert wird. Isabell denkt nebenbei und entspannt über ihre finanzielle Lage nach. Weil mehrere Aspekte für sie unklar sind, möchte sie das mit Stefan besprechen. Dabei umschreibt sie ihren Gedankengang mit »Sorgen machen«. Stefan kennt diesen Ausdruck in anderem Zusammenhang. Er sieht Isabell bei diesen Worten voller Angst schlaflos im Bett liegen. In Landschaften gesprochen ist »Sorgen machen« für Isabell ein kleiner, leicht bezwingbarer Hügel und für Stefan ein hoher, schwieriger Gipfel in den Alpen.

Wenn Sie sich das nächste Mal einer Person gegenübersehen, die Ihrer Ansicht nach etwas falsch sieht oder macht, führen Sie sich das Bild der persönlichen inneren Welt vor Augen. Sehen Sie es als Chance, Ihre Sichtweise zu erweitern, und denken Sie sich: »Das ist ja interessant!«

Stefans und Isabells Gespräch könnte sich dann so anhören:

»Stefan, ich mache mir Sorgen wegen des Geldes, wenn wir Kinder haben.« – *»Dass du sofort Panik bekommen musst, Isabell! Das klappt schon. So ein großes Problem ist das nicht!« Stefan ist verärgert. »Ich bin ganz überrascht über deinen Ärger. Sag mal, kann es sein, dass du bei ›ich mache mir Sorgen‹ sofort eine panische Isabell vor Augen hast? Oder was geht dir bei meinem Satz durch*

den Kopf?«, fragt Isabell nach. »Was sollen mir denn sonst für Bilder durch den Kopf gehen, wenn ich höre, dass du dir Sorgen machst?«, antwortet Stefan. »Ach so, jetzt verstehe ich deine Aufregung. Aber ich bin nicht in Panik. Den Ausdruck ›Sorgen machen‹ benutze ich, wenn ich mir Gedanken mache und merke, dass mir noch Infos und Absprachen fehlen, um ruhig und entspannt auf das Thema blicken zu können.« – »Wieso erklärst du mir das nicht gleich so? ›Sorgen machen‹ ist echt ein schwieriger Ausdruck für mich, der sofort das Kopfkino anwirft.« Stefan ist erleichtert und beginnt nun, Isabell ruhig die finanzielle Lage zu erklären.

Person und Verhalten unterscheiden

Konflikte werden häufig dadurch verschärft, dass unsere Unzufriedenheit mit dem, was die andere Person tut, gleichgesetzt wird mit einem Urteil über die Person als solche.

»Thomas, hast du den Kopierer umprogrammiert? Die Ausdrucke sind doppelseitig und ich kann alles noch mal machen!« Stefan steht verärgert vor Thomas' Schreibtisch. Der antwortet: »Wir haben so viele Kosten in der Abteilung und dadurch lässt sich jede Menge Papier einsparen. Ich habe außerdem noch die Druckintensität verringert, wodurch wir jetzt Toner sparen. Das haben wir doch in der letzten Teambesprechung alle gewollt – Kosten sparen.« »Das ist mal wieder typisch! Ich bin unter Druck und du sabotierst meine Arbeit. Du bist so unkollegial. Dir merkt man nicht an, dass du mitdenkst«, braust Stefan auf. »Lass uns später noch mal in Ruhe darüber reden und beende jetzt erst mal deine Arbeit«, entgegnet Thomas ruhig, während Stefan festen Schrittes das Büro verlässt und sich wütend am Kopierer zu schaffen macht.

Stefan verurteilt in seinen Äußerungen Thomas als Person. Durch die direkte Anrede »Du bist …« erscheint Thomas als »böser« Mensch mit charakterlichen Schwächen. Thomas' Handlungen werden mit seiner Person gleichgesetzt als »schlecht und unpassend«.

Thomas möchte seinen Kollegen und Stefan nichts »Böses«. Er hatte nicht die Absicht, ihm Steine in den Weg zu legen. Im Gegenteil, Thomas hat sein Bestes gegeben und versucht, alle ihm bekannten Wünsche des Teams zu berücksichtigen. Seine Absicht ist, zu unterstützen, einen Beitrag zu leisten und die gemeinsamen Ressourcen im Blick zu behalten. Er hatte bisher keine andere Idee, wie er die Situation besser hätte lösen können.

Sie erinnern sich, dass Handlungen möglichst viele Bedürfnisse gleichzeitig befriedigen möchten – egal wie durchdacht, weit- oder kurzsichtig diese Aktionen sind. Jeder Mensch hat seine eigene Welt, aus der seine Handlungsideen entspringen, und bisher können wir die Gedanken und Bedürfnisse anderer lediglich erahnen – deshalb kann niemand genau wissen, was Sie selbst brauchen.

Handlungen und Verhaltensweisen sind ein Versuch, möglichst viele Bedürfnisse auf einmal harmonisch auszugleichen. Unterscheiden Sie daher immer das Verhalten von der Person. Weder eine Person noch ihre Absicht ist »schlecht« – lediglich die Strategie ist unpassend.

*Niemand ist sein Verhalten,
sondern zeigt lediglich ein Verhalten.*

Taten von der Absicht trennen

Stefan hat den Eindruck, dass Thomas ihm absichtlich Steine in den Weg legt. Sicher kennen Sie ähnliche Situationen, in denen schnell der Gedanke »Das ist Absicht – ich soll mich schlecht fühlen« hochkommt.

In der Regel wollen Menschen andere nicht absichtlich behindern oder ärgern. Gehen Sie davon aus, dass es einfach Unwissenheit ist, weshalb Ihre Belange nicht vollständig berücksichtigt werden. Da wir Menschen aufeinander angewiesen sind, gibt es grundsätzlich eine große Bereitschaft zur gegenseitigen Unterstützung und Hilfe, weil das den eigenen Platz in der Gruppe festigt und zum persönlichen Wohlbefinden beiträgt.

Jeder Mensch hat grundsätzlich die Absicht, möglichst viele Bedürfnisse, sowohl die eigenen als auch die anderer Menschen, gleichzeitig zu erfüllen. Dabei wählen wir solche Strategien, also Vorgehensweisen, von denen wir meist unbewusst hoffen oder annehmen, dass sie passend und erfolgreich sein werden. Manches Mal klappt das gut, manches Mal aber bleiben Bedürfnisse auf der Strecke.

Handlungen und Verhalten sind Strategien, um Bedürfnisse zu erfüllen. Alle Menschen haben dieselben grundlegenden Bedürfnisse, jedoch sind diese nicht immer zur selben Zeit aktiv. Und zudem können die Strategien, um diese Bedürfnisse zu befriedigen, sehr unterschiedlich sein. In der Regel handeln wir aus bestem Wissen und mit Blick auf andere Menschen. Welche Handlungen gewählt werden, um etwas zu erreichen, hängt von der inneren Welt, also den Lebenserfahrungen, eines jeden Einzelnen ab. Für den einen hat sich eine bestimmte Handlung als sinnvoll erwiesen, die für jemand anderen nicht sinnvoll ist. Manche Strategien befriedigen nur einige Bedürfnisse und lassen andere außer Acht – vielleicht weil die Bedürfnisse unbekannt sind, vielleicht weil es keine Idee für eine passendere Strategie gibt. Egal welche Handlung und welches Verhalten gewählt wird – sie sind niemals mit der Person, die sie ausführt, selbst gleichzusetzen.

Wenn eine Strategie also »schlecht« ist, ist in der Regel die Absicht der Person – nämlich möglichst viele Bedürfnisse erfüllen – trotzdem im Prinzip gut. An der Umsetzung darf jedoch gefeilt werden.

Vorgehensweisen fair kommentieren – ein Rezept für gute Beziehungen

Rückmeldungen geben Orientierung. Aufrichtiges, achtsames Feedback erzählt über ausgelöste Gefühle und eigene Bedürfnisse – es soll eine Chance zur Veränderung sein, Transparenz schaffen und Verbindung herstellen.

Mit einer Aussage wie der folgenden lässt sich das nicht besonders gut erreichen:

»Das ist ja mal wieder typisch! Ich bin unter Druck und du sabotierst meine Arbeit. Du bist so unkollegial. Ich finde, dass du dich echt negativ verändert hast. Dir merkt man nicht mehr an, dass du mitdenkst.«

Achtsame Kommunikation lebt von Ehrlichkeit. Damit ist jedoch nicht das ehrliche eigene Urteil gemeint, sondern die ehrliche Mitteilung über die Bedürfnisse, die durch die Begebenheit auf der Strecke geblieben sind.

Möchte Stefan tatsächlich bei Thomas eine Veränderung und ein Bewusstsein für die Auswirkungen seiner Aktion erreichen, wäre eine achtsame Rückmeldung zielführender als seine bisherigen impulsiven, verärgerten Äußerungen.

Bevor Stefan etwas zu Thomas sagt, sollte er kurz innehalten und klären, was bei ihm los ist. Dabei fände Stefan heraus, dass er unter Druck ist, weil er eine dringende Arbeit beenden möchte. Sein Kopf ist voll und er hat keine Kapazitäten frei für unverhoffte Gespräche oder Vorfälle. Er wünscht sich Leichtigkeit durch einen reibungslosen Ablauf und Unterstützung durch die Kollegen, damit er den Stress schnell hinter sich lassen kann. Als der Kopierer nun verändert funktioniert, gerät er noch mehr unter Druck und befürchtet, nicht rechtzeitig fertig zu werden. Von Thomas zu erfahren, dass dieser ohne konkrete Absprache etwas verändert hat, irritiert ihn deshalb sehr.

Nach der Selbstreflexion könnte sich Stefans achtsame Rückmeldung so anhören: »*Thomas, ich bin sehr unter Druck mit meiner Arbeit und brauche jetzt länger als geplant. Das stresst mich zusätzlich. Wenn ich sehe, dass du etwas ohne Rücksprache machst, bin ich irritiert und verärgert. Mir sind Absprachen, Kollegialität und Miteinander wichtig. Mir hätte es einfach gutgetan, gefragt und eingeweiht zu werden, bevor etwas unternommen wird, damit ich darlegen kann, was ich gerade für meine Arbeit brauche. Was meinst du dazu?*«

Thomas ist nun klar, was seine Aktion bei Stefan bewirkt hat. Stefan spricht nur über sich und seine Gefühle und Bedürfnisse, weshalb Thomas zuhören kann, ohne sich persönlich angegriffen zu fühlen. Stefan signalisiert, dass er grundsätzlich nichts gegen die Veränderung am Kopierer hat, sondern dass es ihm um Miteinander und Orientierung geht.

AUSPROBIEREN

Denken Sie an eine Situation, in der Sie richtig verärgert waren und die auslösende Person heimlich oder direkt verurteilt haben. Klären Sie für sich, was Ihnen in diesem Moment wichtig war, indem Sie a) die ausschlaggebende Beobachtung wertfrei formulieren, b) spüren, welche Gefühle – neben dem Ärger – noch da waren, c) dahinterliegende, unerfüllte Bedürfnisse entdecken und d) alles unter a)–c) Gefundene laut für sich aussprechen, bis Sie mit Ihrer Rückmeldung zufrieden sind.

Wenn Sie die Chance haben, Ihre Sichtweisen und Bedürfnisse darzulegen, erhalten Sie in der Regel eher Unterstützung, als dass Ihnen weitere Steine in den Weg gelegt würden.

Ärger als Notlage begreifen

Stefans ursprüngliche Reaktion ist weder diplomatisch noch gesittet und höflich. Thomas hätte genug Anlass, sauer zu sein und genauso bissig zu kontern. Wieso bleibt Thomas dennoch ruhig? Kann er sich nicht durchsetzen oder besitzt er eine spezielle Fähigkeit, die ihn besonnen reagieren lässt?

> *Ärger ist ein Signal, dass jemand in Not ist. Wenn Sie die eigentliche Notlage der Person erkennen, statt ihr zu unterstellen, dass sie Sie angreifen möchte, können Sie ruhig und gelassen bleiben.*

Thomas hat irgendwann erkannt, dass unverhoffte Ausbrüche und vermeintliche Angriffe ein Zeichen von Not sind. Eigentlich möchte die ärgerliche Person lediglich gehört werden, sie hat jedoch in diesem Augenblick weder Kapazitäten noch Ideen, um ruhig und verständlich auf ihre Notlage hinzuweisen. Der Ärger ist wie ein Schrei um Hilfe, deren versteckte Bitte lautet: »Hilf mir, damit du mich verstehen kannst.«

In größter Not schaltet sich automatisch unser Stressmechanismus ein – dann kann selbst der ausgeglichenste Mensch nicht mehr verlässlich auf seinen Verstand zugreifen.

Thomas weiß, dass von Stefan keine Gefahr ausgeht, und beide kommen als Kollegen grundsätzlich gut miteinander klar. Thomas sieht, dass Stefan in Not ist, dass er durch den Stress und die schwierige Situation seine Gefühle und Bedürfnisse nicht adäquat ordnen und kommunizieren kann. In dieser unangenehmen und verwirrenden Gefühls- und Bedürfnislage wird Stefan ärgerlich und reagiert mit starken Äußerungen.

AUSPROBIEREN

Denken Sie kurz an eigene Situationen, in denen Sie nicht mehr ruhig bleiben konnten und Ihnen der Kragen geplatzt ist. Wäre das auch passiert, wenn Sie gewusst hätten, wie Sie sich auf andere Weise Gehör verschaffen können, um verstanden zu werden? Wenn Ihnen bewusst gewesen wäre, welche Bedürfnisse sich gerade melden, hätten Sie dann andere Worte benutzt? Hatten Sie in der Situation nicht im Grunde lediglich den Wunsch, Unterstützung zu erhalten?

Natürlich habe ich Situationen und Personen vor Augen, die Sie einschätzen können, wenn ich Ihnen diese Idee an die Hand gebe. Hinter Ärger eine Notlage zu sehen bedeutet selbstverständlich nicht, ruhig zu bleiben und stillzuhalten, wenn Sie in Gefahr sind. Also zum Beispiel, wenn Sie merken, dass die ärgerliche Person kurz davor ist, sich körperlich auszudrücken, indem etwas durch die Gegend fliegt oder die Hand ausrutscht. Mir persönlich und vielen meiner Teilnehmerinnen hat diese Sichtweise sehr geholfen, Ärger gelassener zu nehmen und deshalb besser mit solchen Situationen umgehen zu können. Und seit ich Ärger als Not sehe, kann ich besser einschätzen, wann es Zeit ist, die Szene zum Schutz zu verlassen – denn in sehr stark empfundener Not werden Menschen unberechenbar.

3

Ich - Du - Wir

Kommunikation dient sowohl dazu, lebenswichtige Nachrichten auszutauschen, als auch dazu, Meinungen und Erlebnisse mit anderen zu teilen. Nicht immer verläuft ein solcher Austausch ruhig, ausgeglichen und geprägt von gegenseitigem Einverständnis. Meinungen, Gefühle und Bedürfnisse werden durchaus leidenschaftlich, energisch und ungestüm besprochen. Dabei lösen gerade energiegeladene, heftige oder scharfe Gespräche großen Stress aus. Alles, was unsere Gemeinschaft mit anderen Menschen gefährden könnte, ruft die gleiche Stressreaktion hervor wie die Bedrohung durch ein wildes Tier. Deshalb sind Konflikte so unbeliebt. Allein der Gedanke daran kann schon Alarm im Gehirn auslösen und Stresshormone fluten den Körper. Entspannt, offen und wohlüberlegt spricht und handelt dann niemand mehr. Diese automatische Stressreaktion gehört zum menschlichen Dasein dazu und wird Sie Ihr Leben lang in entsprechenden Situationen begleiten. Sie hat Sie dazu angetrieben, neue Kommunikationswege zu erkunden, um diesen Stress einzudämmen, zu vermeiden oder einfach nur besser damit umgehen zu können.

Indem Sie lernen, achtsam in den Austausch mit anderen Menschen zu gehen, wird der Stress insgesamt weniger werden. Jede Fähigkeit, die dazu beiträgt, eine schwierige Situation leichter zu bewältigen, lässt den unwillkürlichen Stresspegel weniger stark ansteigen und schneller wieder abflauen.

Sie haben bisher einen achtsamen Umgang mit sich geübt und eine Haltung anderen gegenüber »auf Augenhöhe« verinnerlicht. Wie kann der auf achtsamer Kommunikation beruhende Kontakt zu anderen Menschen nun konkret gestaltet werden? Wie können Sie achtsam auf das Verhalten und die Meinungen anderer reagieren und faire Diskussionen führen?

Eine achtsame zwischenmenschliche Kommunikation baut auf den bisher beschriebenen Prozessen und Ideen dieses Buches auf. Sie ermöglicht Ihnen, aufmerksam, neugierig und allparteilich Gespräche zu lenken und andere zu unterstützen. Sie hören Ihrem Gegenüber zu und stellen gezielte Fragen – in dem Wissen um unwillkürliche Urteile und universelle Bedürfnisse. Dabei greifen Sie immer wieder auf die fünf Schritte zur Beruhigung und eigenen Klärung (siehe Seite 69) zurück.

Achtsamkeit braucht Ressourcen

Isabell geht unruhig im Wohnzimmer auf und ab, während sie mit ihrer Freundin Susanne telefoniert. Klopfen und Klappern klingt aus dem Nebenraum, wo Stefan an den neuen Wohnzimmerbildern werkelt. »Mist, wieso klappt das nicht!«, flucht Stefan und ein lautes Krachen folgt. Isabell zuckt zusammen. »Ich bin wirklich schockiert über meinen Kollegen heute. Legt die Akte auf meinen Tisch und verschwindet ohne ein Wort in den Feierabend. Unmöglich, oder?!«, fragt Susanne aus dem Hörer. »Du kennst ihn doch. Es ist ja nicht das erste Mal, dass er so etwas macht. Du solltest dir langsam mal ein dickeres Fell zugelegt haben!«, erwidert Isabell wie aus der Pistole geschossen. »Du bist ja heute besonders freundlich zu mir. Ich erzähle dir etwas, was mich bedrückt, und bekomme das von dir zu hören!«, patzt Susanne zurück.

Das Gespräch zwischen Isabell und Susanne könnte in dieser Art noch weitergehen. Irgendwann würden beide auflegen und es bliebe ein fader

Nachgeschmack. Isabell würde sich bei Stefan darüber auslassen, dass Susanne immer wieder die gleichen Probleme hat und so weiter. Obwohl die beiden lange befreundet sind und viel miteinander erlebt haben, würde das Gespräch ihre Freundschaft nachhaltig stören.

Die eigenen Kapazitäten kennen

Stellen Sie sich vor, Sie kommen gerade aus dem Urlaub. Sie sind wunderbar erholt, und mit all den schönen Erlebnissen im Kopf sprudeln Sie über vor Leichtigkeit, Ausgeglichenheit und Energie. Wahrscheinlich fällt es Ihnen in diesem Zustand leicht, aufmerksam zuzuhören, mitzufühlen und Bedürfnisse zu erkennen. Sie haben innerlich viel freien Platz, sind eins mit sich, flexibel und voll klarer Achtsamkeit.

Und nun stellen Sie sich einmal vor, Sie hatten einen anstrengenden Tag. Alle Menschen, die Ihnen heute begegnet sind, schienen schlecht gelaunt und nichts hat geklappt. Wahrscheinlich haben Sie innerlich nur noch wenig freie Kapazität und könnten selbst ein offenes Ohr oder tröstende Worte gebrauchen. Was andere tun oder sagen einfach als »eine Variante, das Leben anzugehen« zu sehen, fällt Ihnen heute ausgesprochen schwer.

Achtsame Kommunikation braucht Ressourcen. Eine erholte, kraftvolle Person ist der bessere Freund, Kollege, Chef oder Partner.

Isabell ist bei dem Telefonat mit Susanne nicht bei der Sache. Ihr Tag im Büro war anstrengend und der Abend ist eigentlich für Stefan reserviert. Dann ruft Susanne an und Isabell merkt sofort, dass es der Freundin schlecht geht. Sie fühlt sich in der Zwickmühle: Susanne braucht ein offenes Ohr und Stefan Hilfe mit den Bildern.
Obwohl Isabell Susannes Not sieht, ist ihre Reaktion auf deren Anliegen weder achtsam noch mitfühlend. Wieso?

AUSPROBIEREN

Bevor Sie in ein Gespräch gehen, prüfen Sie, wie viel Platz Sie jetzt gerade innerlich frei haben. Überlegen Sie, was Sie bereit sind zu geben oder was Sie selbst nehmen möchten. Brauchen Sie Ruhe, ein offenes Ohr oder Zeit, etwas für sich selbst zu klären? Oder sind Sie offen für den Gesprächspartner, können sich selbst zurücknehmen und achtsam zuhören?

Wenn viel innerer Platz frei ist

- Sie können zuhören und achtsame Fragen stellen
- Sie können achtsam zuhören
- Sie können jemandem achtsam mitteilen, wie es Ihnen geht, jedoch nicht achtsam zuhören
- Sie können für sich selbst achtsam da sein
- Sie brauchen jemanden, der Ihnen achtsam zuhört
- Sie brauchen Ruhe

Wenn kein innerer Platz mehr frei ist

Für achtsame Gespräche gilt: Wenn Sie gerade nicht aufmerksam sein können, lassen Sie es lieber sein. Seien Sie lieber zu einem späteren Zeitpunkt für die Person da oder machen Sie Alternativvorschläge, wo und wie diese in der Zwischenzeit anderswo Hilfe und Unterstützung bekommen kann.

Achtsam »Nein« sagen

In unserer Kultur gehört es zum guten Ton, jederzeit für andere da zu sein. Für sich selbst zu sorgen, Nein zu sagen oder Hilfe auszuschlagen stehen dagegen weniger hoch im Kurs, und schon Kinder werden dazu angehalten, »nicht so egoistisch zu sein«. Manche Menschen verlernen dadurch irgendwann, ihre eigenen Bedürfnisse wahrzunehmen, und viele plagt ein schlechtes Gewissen, wenn sie merken, dass sie etwas, was von außen an sie herangetragen wird, nicht wollen. »Darf ich das überhaupt? Dann bin ich doch egoistisch?«, geistert vielfach durch die Köpfe. Aus »Pflichtgefühl« gehen sie immer wieder über ihre Grenzen.

*Die Bedürfnisse aller sind gleich wichtig.
Sie sind jedoch nicht verpflichtet, die
Bedürfnisse der anderen zu erfüllen.
Trauen Sie sich, »Nein« zu sagen,
wenn Sie gerade keine Ressourcen haben,
um Ihr Gegenüber zu unterstützen.
Muten Sie Ihren Mitmenschen zu,
für sich selbst zu sorgen.*

Durch diese Kultur des »nicht Nein sagen dürfen« haben viele von uns entweder nie gelernt oder wieder verlernt, die richtigen Worte für eine Absage zu finden. Stattdessen fallen dann plötzlich spitze Bemerkungen über bestimmte Dinge oder Trägheit und Ungeduld sabotieren Aktivitäten.

Auch Isabell weiß nicht, wie sie das Telefonat mit ihrer Freundin abwenden kann, ohne egoistisch zu erscheinen. Unbewusst versucht sie, durch ihre unfreundlichen Worte das Gespräch abzuwimmeln – und macht alles nur schlimmer.
Isabell sollte zunächst für sich Klarheit finden darüber, wie es ihr jetzt gerade geht und ob sie Susanne zuhören möchte: »Ich bin zu erschöpft, um Susanne zuzuhören. Ich brauche gerade etwas Abstand vom Alltag und freue mich darauf, gemeinsam mit Stefan die Wohnung zu gestalten. Gleichzeitig möchte ich die Freundschaft zu Susanne pflegen und sie unterstützen.« Jetzt, wo Isabell weiß, was sie braucht und will, kann sie dies Susanne aufrichtig und achtsam mitteilen.
Das Gespräch könnte sich jetzt wie folgt anhören: *»Ich bin wirklich schockiert über meinen Kollegen heute. Legt die Akte auf meinen Tisch und verschwindet ohne ein Wort in den Feierabend. Unmöglich, oder?!«, fragt Susanne aus dem Hörer.*

»Hallo Susanne. Du, ich bin heute total kaputt von der Arbeit und gestalte gerade mit Stefan das Wohnzimmer neu. Ich habe einfach nicht die Ruhe und Kraft, dir wirklich zuzuhören. Das tut mir leid. Können wir kurz gemeinsam überlegen, wer oder was dir noch helfen könnte?«, schildert Isabell ehrlich ihr Dilemma. »Ach schade. Du hättest mir echt gutgetan«, seufzt Susanne. »Ich wäre dir heute wirklich keine gute Hilfe, weil ich selbst jemanden zum Zuhören brauche und mich deshalb auf den Abend mit Stefan freue. Sag mal, kannst du nicht Marie anrufen? Die ist doch heute Abend allein zu Hause. Und wir zwei treffen uns morgen Abend zum Essen, hilft dir das?« – »An Marie habe ich gar nicht gedacht. Das ist eine gute Idee. Und wir essen morgen zusammen. Danke und einen schönen Abend mit Stefan.« Susanne legt auf.

In diesem Gespräch ist Isabell offen zu Susanne und lehnt das Telefonat achtsam ab, indem sie von sich erzählt – ihren Gefühlen und Bedürfnissen. Diese Transparenz schafft Vertrauen zwischen den beiden. Am Ende bemüht sich Isabell um anderweitige Unterstützung für Susanne, indem sie eine andere helfende Person vorschlägt. Susanne bleibt mit ihrer Geschichte so nicht allein.

Feinabstimmung – auch im Gespräch achtsam mit sich sein

Was für den Gesprächsbeginn zutrifft, gilt auch für die Zeit während eines Gesprächs: Achtsamkeit braucht Ressourcen. Die können sich während einer Unterhaltung verändern. Einige Menschen werden zum Beispiel unaufmerksam und missmutig, wenn sie hungrig sind. Andere werden ungeduldig und fallen anderen ins Wort, wenn ihr Körper dringend Bewegung braucht. Nicht nur der Körper hat Bedürfnisse, auch der Inhalt eines Gesprächs kann Gefühle auslösen und Bedürfnisse in Mangel geraten lassen. Alles, was in Ihnen los ist, wirkt sich in irgendeiner Weise auf das Gespräch aus: Dann unterbrechen Sie vielleicht Ihr Gegenüber, blicken ungeduldig umher, beginnen eine andere Tätigkeit oder lassen unbeabsichtigt spitze Bemerkungen fallen.

Um sich jederzeit klar zu sein, wie es Ihnen während eines Gespräches geht, was Sie gerade brauchen und wünschen, pendeln Sie mit Ihrer Aufmerksamkeit ständig zwischen innen und außen. Es ist ein besonders wacher Zustand, einerseits aufmerksam beim Gesprächspartner zu sein und andererseits sich selbst zu spüren und die eigenen Bedürfnisse zu klären.

Ressourcen erneuern und verbrauchen sich beständig – achten Sie auch während eines Gesprächs stets auf Ihr inneres Gleichgewicht.

AUSPROBIEREN

Es erfordert regelmäßige Praxis, gleichzeitig mit der Aufmerksamkeit bei sich und dem Gesprächspartner zu sein. Üben Sie daher, den Blick nach innen zu richten, während Sie beschäftigt sind.

Lenken Sie Ihre Aufmerksamkeit, zum Beispiel während Sie kochen, Sport treiben oder arbeiten, immer mal wieder für etwa zehn Sekunden nach innen. Spüren Sie, wie es Ihnen im Augenblick geht, ähnlich wie bei der Körperwanderung. Danach richten Sie Ihre Aufmerksamkeit wieder auf Ihre jeweilige Tätigkeit. Auf diese Weise gewöhnen Sie sich daran, mit Ihrer Aufmerksamkeit zwischen innen und außen zu pendeln.

Achtsame Zweiergespräche

Wie vereinbart sitzt Isabell am nächsten Abend mit ihrer Freundin Susanne beim Essen. Susanne berichtet von dem Vorfall in der Arbeit und ist sehr aufgeregt. Diesmal hat Isabell ihre Ressourcen im Vorfeld überprüft und ist offen für ein Gespräch. Wie kann Isabell reagieren und ihrer Freundin achtsam helfen?

Menschen auf Augenhöhe begegnen und deren Welt begreifen geschieht durch achtsames Fragen und anteilnehmendes Zuhören.

Einfach da sein

Kommunikation findet nicht nur über gesprochene Worte statt. Gesten, Mimik, Blicke, innere Präsenz und Mitgefühl gehören ebenfalls zum Kommunikationsspektrum jedes Menschen. Unser Körper ist perfekt ausgerüstet für die feinsten Nuancen der zwischenmenschlichen Verständigung und nimmt über Haut, Augen, Ohren und andere Sinneskanäle alles auf. Daher können Sie meist sehr gut spüren, wenn »dicke Luft« herrscht oder wenn jemand lügt.

Achtsame Kommunikation nutzt all diese Informationskanäle beim schweigenden Zuhören. Während Sie aufmerksam darauf hören, was Ihnen Ihr Gesprächspartner erzählt, besteht Ihre Art der Kommunikation aus Körpersprache und innerer Präsenz – beides wird von Ihrem Gegenüber über dessen Sinneskanäle registriert.

Einfach da sein, zuhören und schweigen – das kann schon reichen, um jemanden zu unterstützen.

Achtsam schweigen und zuhören ist eine große Kunst. Dabei richten Sie Ihre Aufmerksamkeit auf das Hier und Jetzt, sind offen, wohlwollend und wertfrei dem Menschen und seinen Erzählungen gegenüber. Sie hören zu und spüren still den Gefühlen und Bedürfnissen des Erzählenden nach.

Die Kunst besteht darin, eigene Erlebnisse, Ratschläge und Lösungen (zumindest vorerst) für sich zu behalten. Ihre persönlichen Erfahrungen und

Ihr Wissen bilden die Basis für Ihr Verständnis. Sie fühlen mit und erahnen Bedürfnisse. Ihre achtsame, mitfühlende Präsenz wirkt wie ein Fels in der Brandung und Ihr Körper strahlt Ruhe und Kraft aus, was sich auf Ihr Gegenüber überträgt.

Dadurch kann sich Ihr Gesprächspartner entspannen, sich geborgen und sicher fühlen. Was dieser Mensch durchlebt hat, welche Bedürfnisse erfüllt wurden oder nicht – alles ist, wie es ist, und wird in diesem Moment nicht in Form von gut oder böse, richtig oder falsch bewertet. Die Person vor Ihnen ist in Ordnung mit all ihrem Können und all ihrem Unvermögen.

Im Beispiel von Isabell und Susanne wäre es nun Isabells Aufgabe, die Freundin zu erzählen einzuladen: »*Susanne, erzähl mal eins nach dem anderen – was war genau los und wie geht es dir?*« und dann still und aufmerksam zuzuhören und mitzufühlen.

Zuhören können Sie jederzeit – egal ob Sie die Person persönlich vor sich haben oder am Telefon miteinander in Kontakt sind, sogar wenn Sie beide verschiedene Sprachen sprechen. Präsenz, Neugier und Mitgefühl erreichen jeden.

AUSPROBIEREN

Denken Sie an eine Situation, in der Sie wach, aufmerksam und sehr interessiert waren. Das kann ein Vortrag zu einem Lieblingsthema von Ihnen sein oder ein Workshop bei einem Experten Ihres Fachs. Rufen Sie sich diesen Zustand möglichst genau in Erinnerung und spüren Sie in Ihrem Körper diese wache Präsenz.
Denken Sie jetzt an eine Situation, in der Sie wirklich verstanden und mitgefühlt haben, was bei jemand anderem los war. Spüren Sie auch diesen Zustand genau in Ihrem Körper.
Schalten Sie nun zum Mitgefühl den Präsenzzustand dazu und fühlen Sie, wie Sie gleichzeitig hellwach, aufmerksam und mitfühlend sind. Sind gerade andere Menschen im Raum, richten Sie diese besondere Aufmerksamkeit für eine Minute auf eine beliebige Person. Spekulieren Sie anhand der Körpersprache und mithilfe Ihrer Fantasie, wie diese Person sich gerade fühlt. Was würde ihr in diesem Moment wohl guttun?

Achtsame Fragen stellen

Durch die offene Grundhaltung fällen Sie keine Urteile und drücken dadurch Ihr Interesse und Ihren Respekt für fremde Wirklichkeiten aus. So wird ein vertrauensvoller Raum erschaffen.

Zuzuhören ist der Auftakt für ein achtsames Gespräch. Mit kurzen Zusammenfassungen und achtsamen Fragen beleuchten Sie nun die Erzählung Ihres Gesprächspartners und enträtseln seine innere Welt.

Fassen Sie ungefähr alle fünf bis zehn Sätze in Ihren eigenen Worten kurz zusammen, was Ihr Gegenüber gesagt hat, sodass klar wird, was Sie bisher verstanden haben.

Konzentrieren Sie sich dabei auf Gefühle und Bedürfnisse. Achten Sie auf Mimik und Gestik Ihres Gesprächspartners und nutzen Sie Ihr Vorstellungsvermögen, um die Gefühle und Bedürfnisse hinter seiner Erzählung zu erahnen.

Wie hätte Isabell mit Susanne achtsam sprechen können?

»*Ich war gestern fassungslos, als mein Kollege ohne ein Wort die Akten ablegte und verschwand. Das ist doch unmöglich, oder?!*«, beginnt Susanne das Gespräch. »*Susanne, du scheinst von der Sache richtig mitgenommen zu sein. Ist dir Verbindung und Kontakt wichtig, indem mit dir abgesprochen wird, wenn es Wünsche und Änderungen für dich gibt?«, fasst Isabell zusammen, was sie von Susanne verstanden hat. »Ja und ich bin sauer auf mich selbst, weil ich dem Kollegen nichts erwidert habe, sondern nur mit offenem Mund dasaß!«, ergänzt Susanne. »Du ärgerst dich, weil du nicht verstehst, wieso du nichts gesagt hast? Und wünschst du dir Hilfe oder ein Rezept, um das nächste Mal besser reagieren zu können?« – »Ich bin doch sonst nicht auf den Mund gefallen! Meine Kollegin hat selbst in solchen Augenblicken noch einen passenden Satz parat – das hätte ich auch gerne.«*

Isabell spricht Susannes Gefühle an und vermutet, dass deren Bedürfnisse nach »Verbindung und Kontakt« zu kurz gekommen sind. Da sie nicht sicher sein kann, richtigzuliegen, wählt sie absichtlich die Frageform, um den Eindruck von »Besserwisserei« zu vermeiden. Susanne hat die Möglichkeit, Isabells Frage abzuwägen und ihre Aussage entsprechend zu bestätigen oder zu korrigieren. So können beide Susannes innere Welt klarer sehen und kommen der eigentlichen Ursache für deren Ärger auf die Spur.

...ssen Sie sich bei Ihren nächsten achtsamen Gesprächen von den nachfolgenden Anregungen inspirieren:

- Ergänzen Sie Ihre Zusammenfassungen durch Fragen wie »Habe ich das richtig verstanden?« oder »Ich höre heraus, dass dir am Herzen liegt …«
- Wenn Sie auf mögliche Bedürfnisse hinweisen möchten, passen Formulierungen wie »Dir ist wichtig, dass …?«, »Du brauchst …?«, »Du sehnst dich nach …?« oder ähnlich.
- Weitere hilfreiche Fragen sind: »Was ist genau passiert?«, »Wie kam es dazu?«, »Wie hast du dich dabei gefühlt?«, »Was hat das in Ihnen ausgelöst?«, »Was brauchst du jetzt?«, »Was wünschst du dir?«, »Aus welchem Grund möchtest du das?«

Ziel ist es, gemeinsam die innere Welt Ihres Gegenübers zu erkunden und Klarheit über dessen Gefühle und Bedürfnisse zu bekommen.

Unbedingt vermeiden sollten Sie dagegen die »Warum«-Frage. Das Wort »warum« wird gern in Sätzen wie »Warum hast du das getan?« benutzt. Meist ist diese Frage emotional aufgeladen und meint vielmehr: »Warum hast du mich verletzt, mir weh getan, mir Schmerz zugefügt?« Bei der

Warum-Frage besteht die Gefahr, dass Ihr Gegenüber vermutet, ihm wird Schuld zugewiesen oder ein Urteil über ihn gefällt, und das löst in der Regel Verteidigungen oder Rechtfertigungen aus.

Achtsam diskutieren

Werden Meinungen und Standpunkte gleichrangig behandelt, bleiben Diskussionen konstruktiv, statt in Kämpfe auszuarten.

Stefan, Daniel und Mark sitzen wie so oft am Donnerstagabend zusammen. Dieses Mal gibt es viel zu besprechen, denn ihr gemeinsamer Kumpel Alex wird heiraten und sie wollen den Junggesellenabschied für ihn organisieren.
Daniel: »Was wollen wir machen? Hat einer von euch eine Idee? Ich war noch nie auf einem Junggesellenabschied.«
Stefan: »Wir sollten auf jeden Fall eine Table-Dance-Bar besuchen!«
Mark: »Aber gemeinsam campen mit Lagerfeuer wäre mehr nach Alex' Geschmack.«
Stefan: »Aber ein Junggesellenabschied ist besonders und einmalig. Da muss es knallen, verrückt und gewagt sein.«

Mark: »Aber campen ist viel besser. Alex macht gerne Lagerfeuer und er könnte dabei seine neue Ausrüstung testen.«

Stefan: »Aber Table-Dance ist etwas Besonderes und typisch für Junggesellenabschiede. Er wird das nie wieder machen.«

»Jetzt geht das schon wieder los. Könnt ihr nicht einmal aufeinander eingehen!«, geht Daniel laut dazwischen und verdreht die Augen. So hatte er sich diesen Abend nicht vorgestellt.

Kommt Ihnen eine solche Diskussion bekannt vor? Es fängt mit einem Thema an, zwei unterschiedliche Meinungen kristallisieren sich heraus, und schon wird es laut und aufgeregt. Jeder will gehört werden, bringt immer neue Argumente und am Ende sind alle erschöpft. Gerade wenn zwei konträre Meinungen vorliegen, <u>entsteht schnell der Eindruck eines Zweikampfes.</u> Wer den anderen überzeugt, hat das Duell gewonnen. Beide Parteien werden immer hektischer und geraten mehr und mehr in Argumentationsnot. Der Blutdruck steigt, der Kopf arbeitet auf Hochtouren und das Herz beginnt zu rasen. Der Körper ist auf Kampf eingestellt und will nur noch eins: gewinnen – purer Stress.

Die Kluft überbrücken

Hier lesen Sie einen alternativen Gesprächsverlauf:

Stefan, Daniel und Mark sitzen wie so oft am Donnerstagabend zusammen. Dieses Mal gibt es viel zu besprechen, denn ihr gemeinsamer Kumpel Alex wird heiraten und sie wollen den Junggesellenabschied für ihn organisieren.

Daniel: »Was wollen wir machen? Hat einer von euch eine Idee? Ich war noch nie auf einem Junggesellenabschied.«

Stefan: »Wir sollten auf jeden Fall eine Table-Dance-Bar besuchen!«

Mark: »Du möchtest also in die Table-Dance-Bar. Willst du es aufregend? Ich habe Bedenken, ob Alex das gefallen wird. Ich schlage campen mit Lagerfeuer vor. Da sind wir auch alle zusammen und Alex kann seine neue Ausrüstung testen.«

Stefan: »Okay, du schlägst campen vor, weil Alex Table-Dance nicht gefallen könnte. Auf jeden Fall eine gemeinsame Aktion. Gleichzeitig ist ein Junggesellenabschied ja etwas Besonderes. Campen tun wir auch das restliche Jahr über. Ich wünsche mir etwas Außergewöhnliches für Alex, das er nicht so schnell vergessen wird.«

Mark: »Also, dir ist eine außergewöhnliche und herausfordernde Aktion für Alex wichtig. Campen findest du zu normal für uns. Mir ist dazu wichtig, dass es uns allen

gefällt. Das kann gern auch außergewöhnlich und herausfordernd sein. Daniel, hast du vielleicht eine Idee?«
»Gut, also bisher haben wir: Herausforderung, gemeinsame Aktion, außergewöhnlich. Was haltet ihr von Fallschirmspringen?«, fasst Daniel zusammen.

Diesmal ist das Gespräch zwischen Mark und Stefan ganz anders verlaufen. Sehen Sie sich beide Dialoge noch einmal an. Fällt Ihnen auf, was unterschiedlich ist?

* * *

Im ersten Dialog hören Mark und Stefan einander nicht zu. Jeder der beiden denkt fieberhaft über ein neues Argument für seine Idee nach, während der andere redet. Fremde Argumente werden mit einem »Aber« abgewehrt. »Aber« ist ein kleines Wort mit großer Wirkung, denn es bedeutet »dessen ungeachtet« bzw. »dagegen«.
Durch ein »Aber« entsteht sofort der Eindruck, dass die vorangegangene Äußerung nichts zählt. Schnell entfernt sich dann die Diskussion vom Thema und es geht einzig noch darum, sich selbst und seine Meinung zu verteidigen. Einmal im Sog dieser Verteidigungsmuster gefangen, ist es schwer, aus dem Strudel auszusteigen.

Ganz anders im zweiten Dialog. Stefan und Mark fassen kurz zusammen, was dem jeweils anderen wichtig ist. Vom Gesprächspartner die eigenen Worte und Argumente zu hören signalisiert, dass grundsätzlich alle Meinungen die gleiche Berechtigung haben. Alle Diskussionspartner bleiben ruhig, denn allen ist klar, dass dies ein Austausch und kein Kampf ist. Wie beim aktiven Zuhören ist auch bei einer Diskussion die Aufmerksamkeit und Präsenz zuerst beim Gegenüber – es wird zugehört und dann zusammengefasst. Während des Zuhörens kann Ihr Gehirn parallel die Argumente Ihres Gesprächspartners mit Ihren eigenen Argumenten und Wünschen abgleichen und überdenken.

Statt »aber« benutzen Stefan und Mark Wörter wie »gleichzeitig« und »dazu«, die Gleichwertigkeit verdeutlichen. Beide Meinungen existieren nebeneinander mit der gleichen Wichtigkeit. In diesem Dialog sind beide bemüht, Verbindung zu schaffen.

Auch die achtsamen Fragen von Seite 111 können Diskussionen erhellen und zur Verständigung beitragen. Die Meinung des oder der Diskussionspartner in eigenen Worten wiedergeben, Absichten und Bedürfnisse der anderen erkennen und allparteilich bleiben verhindert übermäßigen Stress und führt zu einer schnelleren Einigung. Im obigen Fall zu einem Fallschirmsprung – im Zweifelsfall zumindest dazu, dass alle Diskussionspartner eine andere Auffassung haben dürfen und anerkannt wird, dass diese gleichwertig sind.

AUSPROBIEREN

Suchen Sie sich für diese Übung einen Partner oder eine Partnerin. Dann entscheiden Sie, wer das Thema »Allgemeine Helmpflicht für Fahrradfahrer« durch Pro und wer durch Kontra vertritt. Beginnen Sie Ihre Diskussion und leiten Sie jedes Argument mit einem kräftigen »Ja, aber« ein. Nach einer Weile stoppen Sie diese erste Diskussionsrunde und beginnen eine zweite Runde mit veränderten Spielregeln. Diesmal fassen Sie jedes Mal kurz zusammen, was Sie von der vorhergehenden Aussage Ihres Partners verstanden haben, und leiten Ihr folgendes Argument konsequent mit »gleichzeitig« ein.
Zum Schluss reflektieren Sie gemeinsam, wie es Ihnen während der beiden Runden ergangen ist und welche Runde Ihnen besser gefallen hat. Überlegen Sie auch, ob es Themen oder Gesprächsanlässe gibt, wo mehr die eine oder mehr die andere Art der Diskussion passen könnte.

Verstehen = einverstanden sein?

Ich habe Ihnen in diesem Buch bereits viele Tipps gegeben, wie Sie achtsam auf andere Menschen eingehen und deren innere Welt verstehen können. Indem Sie Ihrem Gesprächspartner verständnisvoll, zugewandt und interessiert zuhören, werden in dessen Gehirn Botenstoffe ausgeschüttet, die entspannen und Glück und Lebensfreude wecken. Ihr Gegenüber fühlt sich aktiv und dem Leben gewachsen.

Es ist deshalb ein tiefes menschliches Verlangen und ein Motor für Beziehungen, von anderen Menschen gesehen, gehört und anerkannt zu werden. Achtsam für jemanden da zu sein, ihm zu spiegeln, was diesen gerade bewegt, und zu signalisieren »Du bist in Ordnung mit dem, wie es dir geht«, wirkt beruhigend und macht den Kopf frei für klare Gedanken und adäquate Handlungen.

Wir Menschen brauchen Kontakt und Beziehungen zu anderen. Unser Körper ist speziell dafür ausgerüstet. Wenn in schwierigen Situationen, bei Ärger, Wut oder dem Gefühl von Ohnmacht oder Verzweiflung das Gehirn Alarm schlägt und die automatische Stressreaktion in Gang setzt, ist Zuwendung ein erfolgreiches Beruhigungsmittel. Und sowie wieder Ruhe in uns einkehrt, kommen auch Energie, Aufnahmebereitschaft, die Fähigkeit zum Perspektivwechsel, Kreativität und Handlungswille zurück.

Indem Sie auf andere Menschen eingehen und deren Bedürfnisse erkennen, zeigen Sie Verständnis und Anerkennung für deren Situation, Gefühlszustand, Bedürfnislage und Erlebnisraum. Das bedeutet nicht zwangsläufig, einverstanden zu sein mit den Handlungen, Überlegungen oder Aussagen des anderen. Im Gegenteil, Sie können sehr wohl konträrer Auffassung sein. Sie bringen das Verständnis für Ihr Gegenüber nicht auf, um Ihre eigene Meinung zu ändern, sondern weil Sie die jeweilige Situation und den Menschen verstehen wollen. Ihnen geht es darum, dazu beizutragen, Beweggründe auszuleuchten, damit eventuell neue, konstruktivere Gedanken und Handlungen gefunden werden können.

Trotz Verständnis für Ihr Gegenüber dürfen Sie jederzeit dessen Reaktionen und Handlungsweisen widersprechen und sie ablehnen.

Erinnern Sie sich an Thomas und Stefan im Büro? Stefan beschimpft Thomas, weil dieser die Kopierfunktionen verändert hat. Thomas erkennt Stefans Notlage und hat Verständnis für seine Bedürfnisse: Stefan ist unter Druck wegen seines Projekts und braucht Leichtigkeit und Unterstützung. Doch deshalb ist Thomas keineswegs einverstanden mit Stefans Reaktion, kann und will diese nicht gutheißen. Leider passiert es immer wieder, dass Zuwendung und Verständnis für andere als Einverständnis mit deren Handlungen, Gedanken oder Aussagen fehlgedeutet wird. Sollen Sie nun gar nicht erst versuchen, achtsam auf andere Meinungen einzugehen oder verwirrende Handlungen zu verstehen, um diese Missdeutung zu verhindern?

Wägen Sie für sich genau ab, wie gut Sie andere Sichtweisen stehen lassen können, wenn Sie keine Änderung erreichen. Wenn die Handlungen anderer einschränkende Auswirkungen auf Ihr Leben haben, dann setzen Sie Grenzen und stehen für sich ein.

Das geht am besten, wenn Ihr Gegenüber entspannt und aufnahmefähig ist. Wie Sie ein Gespräch entspannen können, haben Sie bereits gelernt. Jetzt ist es möglich, dem Gesprächspartner differenzierte Sichtweisen darzulegen, Lösungsvorschläge zu unterbreiten oder sein Handeln zu reflektieren.

Thomas könnte beispielsweise zu Stefan sagen: *»Stefan, du bist gerade unter Druck und brauchst die Unterstützung deiner Kollegen, damit du das Projekt jetzt beenden kannst. Ich kann deine Lage gut nachvollziehen. Gleichzeitig gefallen mir weder der Ton noch deine Wortwahl, um mir deinen Unmut zu zeigen. Mir fehlen da Fairness und Wertschätzung. So geht es nicht!«*

Mit achtsamer Kommunikation können Sie sich selbst und andere Menschen besser kennenlernen – aus welcher Motivation heraus etwas gesagt wird oder wieso auf eine bestimmte Weise gehandelt wird. Dadurch können Sie auch Ihnen zunächst rätselhaft oder verwirrend erscheinende Zusammenhänge verstehen. Dieses Interesse an anderen Menschen wird oft vorschnell als Einverständnis gewertet. Scheuen Sie sich nicht davor, ein solches Missverständnis aufzuklären, und machen Sie Ihre Ablehnung auf achtsame Art klar. *Denn etwas zu verstehen bedeutet eben nicht automatisch, damit einverstanden zu sein.*

Resümee

Achtsame Kommunikation unterstützt Sie dabei, gute Beziehungen zu führen – im privaten und beruflichen Alltag. Wahrscheinlich besitzen Sie bereits grundsätzlich ein gutes Gespür dafür, wie sich Beziehungen entwickeln, und kennen viele Möglichkeiten, eine Beziehung zu stärken. Achtsame Kommunikation – nach innen und außen – fördert und erweitert diese Fähigkeiten. Sie festigt unser Vertrauen ineinander und die Verbindung miteinander, weil wir offen für unsere Gemeinsamkeiten und Unterschiede sind.

Natürlich bergen die Unterschiede zwischen den Menschen viele Reibungsmöglichkeiten. Dabei sind es manchmal gar nicht die Unterschiede, sondern schlichtweg Missverständnisse, die zu Konflikten führen. Neugierig und ehrlich unsere eigenen Motive und Bedürfnisse zu reflektieren gehört daher genauso zu einer achtsamen Kommunikation, wie aufmerksames Fragen und sich dem anderen zuzuwenden. Uns verständlich auszudrücken und herauszufinden, was andere Menschen bewegt, unterstützt ein harmonisches, vertrauensvolles Miteinander – egal ob privat oder beruflich.

Letztendlich geht es ja darum, den alltäglichen Umgang miteinander so gut wie möglich für jeden zu gestalten, Konflikte aufzuklären oder zu verhindern und friedlich miteinander auszukommen – und achtsame Kommunikation kann einen großen Beitrag dazu leisten.

Danksagung

Danke an Heike Mayer und Désirée Schoen vom Scorpio-Verlag für die Möglichkeit, über dieses Thema zu schreiben, und die kompetente Betreuung.

Danke an all die Menschen, die mich während des Schreibens besonders unterstützt und motiviert haben, für all die Geduld, offenen Ohren, bereitwilligen Diskussionen und ehrlichen Meinungen: mein Mann Gerhard, meine Schwester Kristine, meine Mutter, meine Freundin Anne und Dorrit, die mir als Schriftstellerin immer wieder hilfreich unter die Arme gegriffen hat.

Danke auch an all meine Lehrer und Lehrerinnen, meine Kolleginnen und Kollegen und natürlich an alle, die eine achtsame Kommunikation praktizieren.

Zum Weiterlesen

Bauer, Joachim: *Prinzip Menschlichkeit: Warum wir von Natur aus kooperieren,* Heyne Verlag 2008.

Bauer, Joachim: *Warum ich fühle, was du fühlst: Intuitive Kommunikation und das Geheimnis der Spiegelneurone,* Heyne Verlag 2006.

Besser-Siegmund, Cora: *Mentales Selbstcoaching: Die Kraft der eigenen Gedanken besser nutzen,* Junfermann Verlag 2006.

Bryson, Kelly: *Sei nicht nett, sei echt! Gleichgewicht zwischen Liebe für uns selbst und Mitgefühl mit anderen finden. Handbuch für Gewaltfreie Kommunikation,* Junfermann Verlag 2006.

Golemann, Daniel: *Soziale Intelligenz: Wer auf andere zugehen kann, hat mehr vom Leben,* Knaur TB 2008.

Golemann, Daniel: *EQ. Emotionale Intelligenz,* dtv Verlagsgesellschaft 1997.

Goleman, Daniel (Hrsg.): *Die heilende Kraft der Gefühle: Gespräche mit dem Dalai Lama über Achtsamkeit, Emotion und Gesundheit,* dtv Verlagsgesellschaft 2000.

Hüther, Gerald: *Biologie der Angst: Wie aus Stress Gefühle werden,* Vandenhoeck & Ruprecht 2012.

Rosenberg, Marshall B.: *Gewaltfreie Kommunikation: eine Sprache des Lebens,* Junfermann Verlag 2005.

Weitere erfolgreiche Titel aus der Reihe »Achtsam leben«

»Das größte aller Wunder ist es,
lebendig zu sein. Achtsamkeit ermöglicht uns,
dieses Wunder zu berühren.«

Thich Nhat Hanh

Mehr über unsere Bücher unter www.scorpio-verlag.de

ISBN 978-3-95803-029-9

ISBN 978-3-95803-032-9

ISBN 978-3-95803-095-4

ISBN 978-3-95803-046-6